Kolyma
Jana
Indigirka
Lena
KAMTSCHATKA
Untere –
Lena
Aldan
Steinige –
Obere Tunguska
SACHALIN
Amur
Amur
BAIKAL-SEE
TSCHITA
WLADIWOSTOK
MONGOLEI
CHINA

МОСКОВСКІЙ КУПЕЧЕСКІЙ БАНКЪ С.ПЕТЕРБУРГСКАЯ КОНТОРА
РЕСТОРАНЪ

Bernd G. Längin

Die Rußlanddeutschen unter Doppeladler und Sowjetstern

Städte, Landschaften und Menschen auf alten Fotos

Weltbild Verlag

Der Inhalt

Einbandgestaltung: Peter Engel, München
Satz: Cicero Lasersatz GmbH, Augsburg
Druck und Bindung: Appl, Wemding
Printed in Germany
ISBN 3-89350-107-X

Seite 2:
St. Petersburg um 1906: Blick auf den Nevskij Prospekt in Höhe von Einkaufsparkaden und Staatsduma

Bildnachweis: Archiv der Landsmannschaft der Deutschen aus Rußland e.V. in Stuttgart, Archiv „Der Volksdeutsche“, Karl K. Bulla, Bundesarchiv Koblenz, Sammlung Reinhold Keil, Deutscher Lichtbild-Dienst, Arthur Kroeger, Bildarchiv des Heimatmuseums der Deutschen aus Bessarabien in Stuttgart, Volksdeutscher Bilderdienst, Archiv des Autors.

„Mehr wolla bleiwa, was mr sain“ (Oder: Zur Verwendung der Termini)

„Arbeit komm, ich freß dich auf!“
Sprichwort der Rußlanddeutschen

„Mehr wolla bleiwa, was mr sain“ – doch „was sain mr?“ Nemzy... Rußlanddeutsche, Sowjetdeutsche, Baltendeutsche, Sowjetbürger deutscher Nationalität, „unsre Lait“... Deutsche von der Wolga, aus dem Schwarzmeergebiet, aus Wolhynien, aus dem Kaukasus, aus Sibirien oder aus Kasachstan? Russische Deutsche aus Karlsruhe, Landau oder Worms im Gouvernement Cherson oder deutsche Russen aus Ujesd Aulijeata/Wolost Bauterek? Oder einfach Deutsche, die es als eine Art Herabsetzung finden, wenn man sie lediglich „deutschstämmig“ nennt?

Ein Volk ganz gewiß – Nemzy im russischen Sprachgebrauch –, doch ein Volk so komplex und irritierend unscharf wie seine Herkunft, wie seine nationale Obdachlosigkeit. Eine Gemeinschaft von Menschen gleicher Sprache, also mit einer nationalen, sprich sprachlichen Identität. Mit einer durch die mystische Dreiheit von Gott, ursprünglicher Schöpfung und Bauerntum früh geformten Eigenart. Mit einer mehr oder weniger gemeinsamen Geschichte, zumindest wenn man sie im emotionalen Raum zwischen den kaiserlichen Manifesten Katharinas der Großen und der Verbannung durch Stalin sieht. Eine deutsche Lebenswelt also, doch in regionalen Entwicklungen wie Kirgisenüberfällen, der Bauernerhebung unter Pugatschow, des Dekabristenaufstands, des Zarenukas von 1887, von Dumawahlen und intim Gekürzeltem wie ASSRdWD und RSFSR... in historischen Dimensionen wie der Populationstheorie einer Kaiserin, dem Sturm auf den Winterpalast, der russischen Revolution, Sozialistischem Realismus und den Zwangsrekrutierungen zur Trudarmija (oder Arbeitsarmee) im Zweiten Weltkrieg. Ein deutscher Volkssplitter somit, nachhaltig geprägt durch die Gesamtentwicklung Rußlands unter dem Doppeladler, der Sowjetunion unter Hammer und Sichel, und deren wechselhaften Beziehungen zum eigentlichen deutschen Kernland. Gezeichnet vom Verhältnis eines Vielvölkerstaates zum deutschen Volk, das schwankend zwischen extremen Gegensätzen wie Bewunderung und Verachtung, Zuneigung und blankem Haß, Berührungsängsten und Gemeinsamkeiten in der Geschichte steht. Ein Millionenheer von deutschen Kolonisten schließlich, dessen Schicksal es war, daß sich die historische Heimat seiner immer nur dann erinnerte, wenn ihm der Untergang drohte...

„Ich bin stolz auf mein Volk... mein Volk hat seine nationale Identität nicht verloren“ schreibt der rußlanddeutsche Dichter Robert Weber noch 1988 in „Neues Leben“, dem „Zentralorgan der Sowjetdeutschen“ im Moskauer Prawda-Verlag. Doch mehr und mehr verzerrt sich das Echo auf den Rückruf der Geschichte. Immer deutlicher sind die Veränderungen zu erkennen, die das Leben an Wolga oder Dnjepr, an Kutschurgan und Beresan, in Kasachstan oder Sibirien vorgenommen hat: Die Deutschen in Rußland als Treibholz der Geschichte, ihr Zurücktreten aus der Vergangenheit, ihre innere wie äußere Sprachlosigkeit; Resignation und Trauer aufgrund politischer Tabus, nachdem ihnen vom vertrauten alten Rußland eines Tages nur der Winter geblieben war. Und immer schwerer wiegen Geographie, die Einschränkung persönlicher Freiheiten, die Zementierung sozialer Ungerechtigkeiten auf der Existenz von

Webers Volk unter Völkern: Auf den Rußlanddeutschen, denen die aus Deutschland importierte Lehre von der Herrschaft des Proletariats vor rund 50, 60 Jahren die territoriale Basis und die Sprache als Heimatersatz entzog.

Tief sind bereits die Spuren, die die totale Entrechtung in den Jahren der Unkultur hinterlassen hat. Das Rußlanddeutsche ist – noch einmal mit Webers Gedanken und Empfindungen – zur „leidgeprüften Kellerpflanze... faulschimmernd die bleichsüchtig-dünnen Triebe" geworden. Zu sehr unterscheiden sich die letzten noch intakten deutschen Dörfer hinter dem Ural, in der Gegend von Ufa, Orenburg und Aktjubinsk von den alten, zwangsgeräumten Siedlungen. Wieviel leichter hatte sich Deutsch in Weimar, Basel oder Unterwalden an der Wolga gesprochen als heute in Sawodoukowskij am Toboli, in Kobansk am Baikalsee oder im multinationalen Kolchos Moskwa in Tadschikistan. Daneben ist das einst stützende städtische deutsche Bildungsbürgertum untergegangen, ist draußen, im angestammten Lebensraum der Tundren und Steppen, vor den gigantischen Bergen des Kaukasus oder in den Wäldern Wolhyniens jede Erinnerung längst verwischt, die zu verwischen war.

Erst mit Glasnost und Perestroika, die russischem Nationalismus, zaristischem Druck und schließlich der geistigen Öde der Stalinzeit mehr kulturpolitische Offenheit gegenüberstellen, lernt auch das rußlanddeutsche Volk wieder im Archiv der lange unterdrückten Überlieferungen zu suchen. Vieles wird dadurch glaubwürdiger oder überhaupt erst erlaubt. Besonders die rußlanddeutsche Literatur, die Aussage des geschriebenen Worts – ganz gleich ob nun im Bauern- oder Dichterstil, ob als Waffe im proletarischen Kampf –, scheint davon zu profitieren:

„Es brachen vom Zaun ihren Krieg die Faschisten,/und jeder von uns war empört und entsetzt./Wir waren ja alle durchweg Kommunisten,-/doch wurden den Mördern wir gleichgesetzt... So lebten wir in Verbannung bis heute,/wann dürfen wir wieder zurück?/Doch wohnen in unseren Häusern längst Leute,/wo finden wir da unser Glück?" (Bernhard Benz, 1989)

Im Gedicht der Rußlanddeutschen, im Volkslied, in Sprichwörtern, Schnurren und Schwänken bekommt ihre Geschichte somit urplötzlich wieder Gestalt, erschließen sich uns ein Eigenleben, Erfahrungen und Hoffnungen, Volksbewußtsein und Heimatliebe, Freud' und Leid ... reift Sprache – auch wenn sie noch so knorrig, kantig oder einfach erscheint, von schlimmsten grammatischen Verstößen gezeichnet ist – vom Stiefmutterlaut zur alten, identitätsstiftenden Kraft: Die deutsche Muttersprache, wo sie sich im Nebeneinander mit dem Russischen erhalten konnte. In einem Nebeneinander, wie es Nelly Wacker in die Worte faßt:

„Als seltnen Reichtum hat das Leben/zwei Muttersprachen mir gegeben:/Bei Mutter ich die eine fand,-/die andre spricht mein Vaterland.-/Ich trank der beiden Sprachen Ton/ in meiner frühsten Kindheit schon-/wie Muttermilch, um dann zu bauen/aus ihren Klängen das Vertrauen/zum Leben. Meiner Mutter Liebe/ist in dem Klange mir verblieben."

Doch können zwei Muttersprachen Seite an Seite, kann ein deutscher Volkssplitter – in der Sowjetunion der rund 110 Völker noch auf Rang 13 oder 14 – nach den Jahren des großen Schweigens, des

„Wir wurden geschmäht und wie Hunde behandelt/vertrieben von Hof und von Haus..." (B. Benz, 1989)

als solcher überleben? Oder haben die Wackers, die Benz' und die We-

bers als eigenständige Volksgruppe ihre geschichtliche Aufgabe erfüllt, ihre einst auf „auf ewige Zeiten" gewährte Zukunft nicht doch schon hinter sich?
Für Webers Volk – Kommunisten aus Frunse oder Dschambul, Antikommunisten aus Duschanbe oder Tschimkent, Gleichgültig-Unbeteiligte aus Taschkent oder Alma Ata – käme heute nur eine Autonomie wie einst unter Lenin der Fortsetzung der Vergangenheit gleich. Damit die Wiederherstellung der liquidierten nationalen Staatlichkeit, eines eigenen Lebenszentrums. Ohne sie drohen die rund 2 Millionen Rußlanddeutschen, selbst jene, denen die deutsche Hochsprache oder der deutsche Dialekt so etwas wie Heimat geblieben sind, bald endgültig heimatlos zu werden.
„Mein Dörflein lag am schönen Wolgastrand,/ich wünsche mir kein andres Heimatland" (Emilie Gross, 1989).
Nur dort könnte man – ins Wolgadeutsche übertragen – „bleiwa, was mr sain", also wieder zu dem werden, was man einmal gewesen ist. Doch die Zeit drängt, da die eigenen, nachwachsenden Generationen ihre Vorstellungen von einer deutschen Identität verlieren, von einer nationalen, sprich: sprachlichen Identität im Raum zwischen Dialekt und Hochsprache. Eben so, wie das Deutsche heute in den Weiten Mittelasiens und in Sibirien vom Aussterben bedroht gelegentlich noch gesprochen wird... Dort, wo „der Bauer un sei Peif no zamme gheere wie Mann un Fraa" oder wo „De Stall erscht zugschlosse weat, wann de Gaul gstoule is", wie es einst etwa in der wolgadeutschen Volksepik einmal selbstverständlich war. Alles andere bedeutet für die Sowjetbürger deutscher Herkunft entweder ein Assimilieren im „Vaterland" UdSSR oder – nach der Ausreise, bzw. der Rückführung im breiteren Sinne des Begriffs – ein Aufgehen im „Mutterland" Deutschland.
Charakteristisch für die Sehnsucht der Deutschen in der Sowjetunion bleiben damit die Verse Hermann Arnholds in „Neues Leben", bleibt jenes Fragezeichen hinter dem „Woher und Wohin":
„Oh, die Sowjetdeutschen/wissen, was das bedeutet./Sie wurden Verräter/und Feinde/gestempelt – Jahrzehnte/hindurch verleumdet/und diskriminiert./Sie wurden wie Sand/ im ganzen Land verstreut,/die zwei Millionen/schuldlosen Deutschen./ Damit sie sich auflösen/sollten – wie Salz im Wasser./Damit sie ihr nationales/Empfinden einbüßen sollten –/alle, für immer... Spät ist es zwar./ Viel zu spät./Aber dennoch:/Ein Hoffnungsschimmer/des bangen, ersehnten Woher-und-Wohins/ist, o Freunde, geblieben!"
Ein Hoffnungsschimmer somit für das: „Mehr wolla bleiwa, was mr sein", für die gemeinsame Zukunft mit einem Land, das man im Verbund der Völker mitprägte, dessen Schicksal man jahrhundertelang teilte.
Doch „was sein mr" nun wirklich? Die Verwendung der Termini ist nicht unumstritten: Rußland- oder Sowjetdeutsche, Baltendeutsche, Sowjetbürger deutscher Nationalität, „unsre Lait"? Deutsche vom Ufer der Lena, aus Kirgisien, Tadschikistan, aus dem Amurgebiet oder der Gegend des Kältepols? Deutsche aus Mannheim, Kassel oder Baden im Gouvernement Tiraspol oder deutsche Russen aus Nishnij Tagil oder Swerdlosk? Oder einfach Deutsche, die es als eine Art Herabsetzung finden, wenn man sie lediglich „deutschstämmig", die tief gekränkt sind, wenn man sie gar „Russen" nennt?
Am sichersten wohl Rußlanddeutsche.
Rußland für das Land, das die frühen Kolonisten angeworben hat, auf des-

sen Territorium ihr Staatswesen an der Wolga lag. Deutsch für Fürstentümer und Territorien, für Österreich, Elsaß-Lothringen oder die Schweiz als die historische Heimat der Siedler: für Sprache oder Dialekt als Mutterlaut. Rußlanddeutsche als ein fester Begriff im Weltwanderbuch, so wie er sich einprägte und in enzyklopädischen Wörterbüchern weitergeführt wird. Das Rußlanddeutsche schließlich als Phänomen, wie es sich weitab vom deutschen Kernland und der deutschen Hochsprache seit über 200 Jahren erhalten hat. Rußlanddeutsche... und wenn nur aus dem einen Grund, daß für die Wahlheimat der frühen Kolonisten Rußland die konstante, die Sowjetunion ihrer Nachkommen dagegen nur eine vorübergehende Erscheinung im großen Rahmen der Geschichte ist.

Rußlanddeutsche nicht zuletzt, weil die deutschen Kolonisten – ausgenommen lediglich die Mennoniten – durch Jahrhunderte hindurch so landläufig wie häufig falsch immer nur als „Schwoba“ galten. Eben so, wie der Siebenbürger ein Sachse, der Deutsche in Amerika immer ein Pfälzer, in Polen wiederum eben ein Schwabe war.

Bernd G. Längin

Manifest der Zarin Katharina II. zur Anwerbung ausländischer Kolonisten ins russische Reich, 1763

Wir Catharina die Zweyte, Kayserin und Selbstherrscherin aller Reußen, zu Moscau, Kiow, Wladimir, Nowgorod, Zaarin zu Casan, Zaarin zu Astrachan, Zaarin zu Sibirien, Frau zu Plescau und Groß-fürstin zu Smolensko, Fürstin zu Esthland und Liefland, Carelen, Twer, Jugorien, Permien, Wiatka, Bolgarien und mehr andern; Frau und Großfürstin zu Nowgorod des Niedrigen Landes, zu Tschernigow, Resan, Rostow, Jaroslaw, Beloosferien, Udorien, Obdorien, Condinien, und der ganzen Nord-Seite Gebieterin und Frau des Iverischen Landes, der Cartalinischen und Grusinischen Zaaren und des Cabardinischen Landes, der Tscherkaßischen und Gorischen Fürsten und mehr andern Erb-Frau und Beherrscherin.

Da Uns der weite Umfang der Länder Unsers Reiches zur Gnüge bekannt; so nehmen Wir unter andern wahr, daß keine geringe Zahl solcher Gegenden noch unbebauet liege, die mit vortheilhafter Bequemlichkeit zur Bevölkerung und Bewohnung des menschlichen Geschlechtes nutzbarlichst könnte angewendet werden, von welchen die meisten Ländereyen in ihrem Schooße einen unerschöpflichen Reichthum an allerley kostbaren Erzen und Metallen verborgen halten; und weil selbige mit Holzungen, Flüssen, Seen und zur Handlung gelegenen Meeren gnugsam versehen, so sind sie auch ungemein bequem zur Beförderung und Vermehrung vielerley Manufacturen, Fabricken und zu verschiedenen andern Anlagen. Dieses gab Uns Anlaß zur Ertheilung des Manifestes, so zum Nutzen aller Unserer getreuen Unterthanen den 4ten December des abgewichenen 1762sten Jahres publiciret wurde. Jedoch, da Wir in selbigem denen Ausländern, die Verlangen tragen würden sich in Unserm Reiche häuslich niederzulassen, Unser Belieben nur summarisch angekündiget; so befehlen Wir zur bessern Erörterung desselben folgende Verordnung, welche Wir hiemit aufs feierlichste zum Grunde legen, und in Erfüllung zu setzen gebieten, jedermänniglich kund zu machen.

Geschichte in Zahlen

988/89 Beginn der Christianisierung (Wladimir der Heilige)
11. Jh. Deutsche Kaufleute im Raum Kiew
12. Jh. Deutsche Baumeister im Teilfürstentum Vladimir-Suzdal
1229 Deutsche Kaufleute in Nowgorod (älteste deutsche Kolonie auf russischem Boden)
1250 Beginn des Aufstiegs Litauens
1323 Großfürst Gedemin ladet Kolonisten ein, Deutsche siedeln sich in Wilna an
1325 Beginn der „Sammlung des russischen Landes" durch Iwan I.
um 1500 Gründung einer Nemezkaja Sloboda (Deutsche Vorstadt) in Moskau
1549 Reichsfreiherr von Herberstein nennt in seinen Reiseberichten eine größere Zahl Deutscher in Moskau
1551 Rußland schickt Agenten aus, um Deutsche für die Übersiedlung anzuwerben
1558–1582 Livländischer Krieg. Iwan IV. läßt Tausende von deutschen Bürgern aus Livland nach Rußland verschleppen
1576 Gründung der evangelisch-lutherischen St.-Michael-Gemeinde in Moskau
1594 Lutherische Gemeinde in Nishnij Nowgorod
1629 Bau einer reformierten Kirche in Moskau
1643 Ukas über die Aussiedlung der Deutschen aus Moskau hinter die Stadtgrenzen. Neue Siedlung am Ufer der Jausa
1689 Die Deutschen Quirinius Kuhlmann und Konrad Nordermann als Ketzer auf dem Roten Platz verbrannt
1700–1721 Nordischer Krieg. Estland, Livland und Ingermanland zu Rußland
1702 Peter I. (1689–1725) sichert allen Einwanderern freie Ausübung des Gottesdienstes zu.

Iwan IV., genannt der Schreckliche (1533–1584)

1703 Gründung von St. Petersburg (ab 1712 Residenz)
1710 St.-Petri-Gemeinde in Petersburg
1728 Gründung der deutschsprachigen „St. Petersburger Zeitung"
1735 St.-Annen-Schule in St. Petersburg
1755–1762 Siebenjähriger Krieg 1761 Die Romanow Dynastie setzt sich in der rein deutschen Linie Holstein-Gottorp fort
1763/65 Manifeste der Kaiserin Katharina II. (1762–1796), Aufruf an Ausländer zur Einwanderung
1764 Festlegung der Agrarordnung in den Kolonien (Katharinenscher Kolonialkodex), Gründung der ersten wolgadeutschen Kolonie, Nishnaja Dobrinka. Erste deutsche Gemeinde in Saratow
1764–1767 Anlage der Mutterkolonien an der Wolga durch Hessen, Rheinländer und Pfälzer
1765 Herrnhuter lassen sich in Sarepta am Sarpafluß, nahe Zaryzin, mit dem Ziel der Kalmückenmission nieder. Anlage der „Nördlichen Kolonien" im Umkreis von St. Petersburg durch Hessen, Preußen, Württemberger und Badener

1765/66 Gründung der Belowesch Kolonien bei Tschnernigow durch Hessen und Rheinländer, von Riebensdorf bei Woronesh durch Württemberger
1767 Frankfurt, Luck und Porchowo bei Jamburg von Bayrisch-Pfälzern, Preußen, Schwaben und Hessen gegr., Sonderprivilegien für die Herrnhuter in Sarepta
1768–1774 (und 1787–1792) Katharinas Orientkriege
1769 Katholische Kirchspiele an der Wolga der Staatsaufsicht unterstellt
1771 Hutterische Brüder lassen sich im Gouvernement Tschernigow nieder
1773–1775 Bauernaufstand unter Pugatschow

Zar Michail Fedorowitsch Romanow (1613–1645)

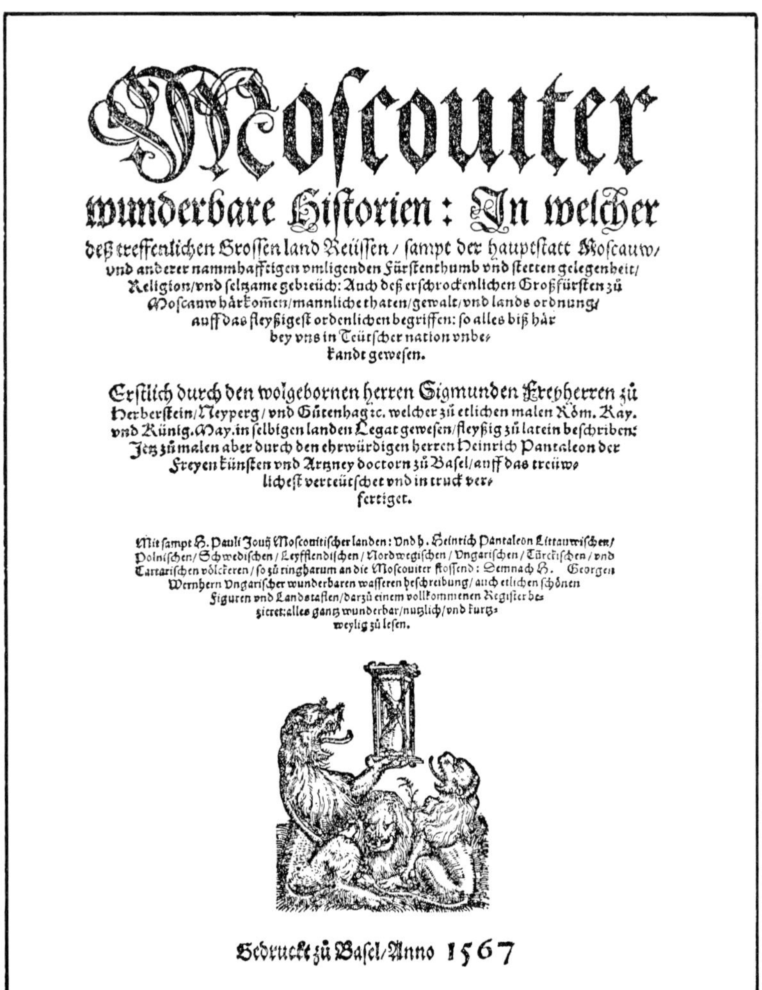

Moscouiter wunderbare Historien: In welcher deß treffenlichen Grossen land Reüssen / sampt der hauptstatt Moscauw / vnd anderer nammhafftigen vmligenden Fürstenthumb vnd stetten gelegenheit / Religion / vnd seltzame gebreüch: Auch deß erschrockenlichen Großfürsten zü Moscauw härkomen / mannliche thaten / gewalt / vnd lands ordnung / auff das fleyßigest ordenlichen begriffen: so alles biß här bey vns in Teütscher nation vnbekandt gewesen.

Erstlich durch den wolgebornen herren Sigmunden Freyherren zü Herberstein / Neyperg / vnd Gütenhag rc. welcher zü etlichen malen Röm. Kay. vnd Künig. May. in selbigen landen Legat gewesen / fleyßig zü latein beschriben: Jetz zümalen aber durch den ehrwürdigen herren Heinrich Pantaleon der Freyen künsten vnd Artzney doctorn zü Basel / auff das treüwlichest verteütschet vnd in truck verfertiget.

Mit sampt H. Pauli Jouij Moscouitischer landen: Vnd h. Heinrich Pantaleon Littauwischen / Polnischen / Schwedischen / Leyfflendischen / Nordwegischen / Vngarischen / Türckischen / vnd Tartarischen völckeren / so zü ringharum an die Moscouiter stossend: Demnach H. Georgen Wernhern Vngarischer wunderbaren wasseren beschreibung / auch etlichen schönen Figuren vnd Landstaflen / darzü einem vollkommenen Register bezieret: alles gantz wunderbar / nutzlich / vnd kurtzweylig zü lesen.

Gedruckt zü Basel / Anno 1567

Titelblatt der deutschen Übersetzung von Herbersteins Reisebericht

1774/1792 Die Nordküste des Schwarzen Meeres geht von der Türkei an Rußland
1783 Das Chanat der Krim Teil des Zarenreiches
1785 Deutsche Kolonisten aus Danzig und dem Danziger Werder treffen ein
1786–1789 Gründung von Alt-Danzig, Fischerdorf und Josefstal durch Preußen und Württemberger
1787–1791 Preußische Mennoniten gründen sechs Niederlassungen in Wolhynien. Mennonitische Kundschafter von Katharina II. und Fürst Potemkin empfangen
ab 1789 Mennonitenfamilien wandern nach „Neurußland“ ein, gründen Chortitza/Jekaterinoslaw. In St. Petersburg leben rund 17 000 Deutsche
1800 Gnadenprivileg Pauls I. zugunsten der Mennoniten
ab 1800 Mennoniten gründen Halbstädter Kolonien/Taurien (u. a. Halbstadt, Gnadenfeld, Ohrloff)
1802 bis 1859 Rund 110 000 Deutsche wandern in den Süden Rußlands ein, darunter ein hoher Prozentsatz von Elsäßern, Württembergern und Badenern

1803 Ansiedlung von Deutschen (meist Schwaben) in Odessa, Gründung einer evangelischen Gemeinde
1804 Manifest Alexanders I. (1801–1825), Einladung deutscher Kolonisten ins Schwarzmeergebiet. Preußisch-russisches Defensiv- und Offensivbündnis gegen Napoleon. Beginn der Einwanderung aus Habsburger Kronlanden
ab 1804 Prischiber Kolonien/Taurien (u.a. Karlsruhe, Heidelberg, Durlach). Liebentaler Kolonien/Kreis Odessa (Groß-, Kleinliebental, Alexanderhilf). Gründung von Klosterdorf, Mülhausendorf und Schlangendorf durch Badener, Württemberger, Elsäßer und Pfälzer
1804–1824 Württemberger, Pfälzer, Elsäßer und Badener wandern in das Gebiet von Odessa ein
1804–1810 Württemberger, Schweizer und Elsäßer auf der Krim
ab 1808 Kutschurganer Kolonien/Kreis Odessa (u.a. Straßburg, Kandel, Elsaß, Mannheim), Glückstaler Kolonien/Kreis Odessa (u.a. Neudorf, Kassel, Bergdorf)
ab 1809 Beresaner Kolonien/Kreis Odessa (u.a. Landau, Worms, Rastatt, München). Deutsche Tuchmacher treffen in Poltawa ein
1812 Türkei tritt Bessarabien an Rußland ab
1812/13 Vaterländischer Krieg, Napoleon in Moskau, Niederlage Napoleons
1814–1824 Württemberger, Pfälzer, Bayern und Deutsche aus Polen wandern in Bessarabien ein
1814 Gründung Tarutinos, Wittenbergs und Borodinos an der Grenze Moldawiens durch Deutsche (meist „Warschauer Kolonisten", Bayern und Schwaben)
1814/15 Wiener Kongreß, der Zar erhält als König von Polen das Gebiet Warschau („Kongreßpolen")
1815 Gründung von Leipzig/Bessarabien
1816 Der Deutsche Nesselrode wird russischer Außenminister
1816–1861 Westpreußen, Rheinlandpfälzer und Württemberger nach Wolhynien
1817–1818 Einwanderung von Separatisten aus Württemberg im Südkaukasus. Marien-, Katharinenfeld, Elisabethtal, Alexander-, Annen-, Peters-, Helenendorf
1819 Generalkonsistorium für die evangelischen Kirchen in Saratow/Wolga gegr. Eröffnung des Deutschen Klubs in Moskau. „Deutscher ärztlicher Verein" in St. Petersburg. Gesetz über die „Einstellung der Herbeirufung von Ausländern"
1820 Verbot der Societas Jesu
1822 Gründung der Kolonie Sarata in Bessarabien durch den Erweckungsprediger Ignaz Lindl, Versuch der Gütergemeinschaft
1822–1831 Württemberger gründen Kolonien bei Berdjansk
ab 1823 Planer Kolonien bei Mariupol/Jekaterinoslaw (u.a. Darmstadt, Kaiserdorf, Grunau)
1825–1855 Nikolaus I.
1829 Donaufürstentümer (Kerngebiet des heutigen Rumänien) unter russischem Protektorat
1830 Gründung einer deutschen Lehrerbildungsanstalt in Odessa (bis 1843)
1831 Gründung Neu-Stuttgarts in Transkaukasien, Plünderung deutscher Geschäfte in St. Petersburg
1842 Kodifizierung der Freiheiten, Privilegien und Pflichten der Kolonisten und Verleihung der Bürgerrechte im ganzen Zarenreich. Deutsche Wohltätigkeitsgesellschaft in St. Petersburg
1844 Deutsches Lehrerseminar in Sarata/Bessarabien
1848 Schaffung der deutschen Diözese Tiraspol, Gründung der Evang. Bibelgesellschaft in St. Petersburg
1853–1856 Krimkrieg, Rußland erleidet empfindliche Einbußen
1854–1859 Mennoniten aus Westpreußen gründen Samarakolonien
1856 Gründung eines katholischen Priesterseminars in Saratow

Zar Paul I. (1796–1801) und seine Gemahlin in zweiter Ehe Maria Feodorowna, ehemalige Sophie Dorothea von Württemberg

Graf P. L. Pahlen, Militärgouverneur von St. Petersburg und Außenminister Pauls I.

1857 Knabenseminar in Saratow
1860 Deutsche Siedlungen bei Samara
1861 Aufhebung der Leibeigenschaft (Bauernbefreiung)
1862 In Wolhynien leben rund 5700 Deutsche. Zahlreiche Württemberger aus der Marbacher und Waiblinger Gegend lassen sich auf die Güter des Großfürsten Nikolaus anwerben
1863 Preußen und Russen schlagen polnischen Aufstand nieder. Einwanderer aus Schlesien und Polen nach Wolhynien
1866 Höhere kirchliche Schule in Saratow
1867 Errichtung des Generalgouvernements Turkestan mit der Hauptstadt Taschkent
1869–1873 Kronau-Ohrloff, Tochterkolonien von Prischiber und Halbstädter Mennonitensiedlungen
1870–1924 Wladimir Iljitsch Uljanow (Parteiname Lenin)
1871 Beginn der Russifizierung, Auswanderung deutscher Kolonisten
1872/73 Rund 13 000 Mennoniten nach Nordamerika
1874 Allgemeine Wehrpflicht auf die Deutschen ausgedehnt
1877/78 Rußland besiegt Türkei
1879 Verschlechterung der Lage der Deutschen in Rußland durch Deutsch-österreichisches Bündnis (Zweibund)
1879–1953 Josif Wissarionowitsch Stalin (eigentlich Dschugaschwili)
1881 Weitere Russifizierung nach Thronbesteigung Alexanders III. (1881–1894), Abbau der staatsrechtlichen Sonderstellung des Baltikums. In Prischib erscheint der Molotschnaer Kalender
1882 Deutsche Siedlungen bei Dshambul und Frunse/Kasachstan
1884 Deutsche Siedlungen bei Chiwa/Turkestan
1885 Gründung der evangelisch-lutherischen Kirche in Taschkent
1887 Fremdengesetz verbietet Ausländern in weiten Gebietsteilen des polnischen Gouvernements und Rußlands den Immobilienerwerb. Rückversicherungsvertrag Rußlands mit Preußen (bis 1890)
1891 Obligatorische Einführung des Russischen als Unterrichtssprache an den Schulen
1892 Militärkonvention mit Frankreich
1894 Zar Nikolaus II. Alexandrowitsch (1868–1918). Deutsche Kolonien bei Orenburg
1895 Deutsche Siedlungen bei Akmolinsk/Zelinograd (Kasachstan)
1897 Nach einer Volkszählung leben 390 000 Deutsche an der Wolga, 342 000 im Süden und 237 000 im Westen Rußlands, 17 717 in Moskau

1901 „Odessaer Zeitung“ (bis 1914)
1901–1911 Versuch der Verdrängung „russischer Untertanen deutscher Volkszugehörigkeit“. 105 000 deutsche Kolonisten wandern von Rußland nach Amerika aus
1903 Verbot der deutschen Ansiedlung in Turkestan
ab 1904 Siedlerstrom in die Gebiete Omsk und Tomsk/Sibirien
1904–1905 Niederlage Rußlands im Krieg gegen Japan. Bedingte innenpolitische Liberalisierung führt zu

neuem Aufschwung der deutschen Kolonien
1905 „Blutiger Sonntag“ als Auftakt zur ersten russischen Revolution. Gründung des „Südrussischen Deutschen Bildungsvereins“ in Odessa
1906 Deutscher Bildungs- und Hilfsverein in St. Petersburg. „Saratower Deutsche Zeitung“ gegr. (bis 1914 und 1917/18). Deutsche Siedlungen bei Ufa
1907 Deutsche Siedlungen bei Aktjubinsk
1908 Geschlossene deutsche Siedlung bei Slawgorod/Kulundasteppe
1914 Im russischen Reich leben rund 1,7 Millionen Deutsche. Nach Ausbruch des Ersten Weltkriegs werden Deutsche zu Feinden des Reiches (ca. 300 000 dienen in der Armee des Zaren), Gebrauch der deutschen Sprache in der Öffentlichkeit unter Strafe, Versammlungsverbot
1915 Deutscher Grundbesitz in einem 150 km tiefen Grenzstreifen soll liquidiert werden (Liquidationsgesetz, bis 1917 auf alle deutschen Kolonien im europäischen Rußland ausgedehnt). Massive Eingriffe in deutsche Eigentumsrechte, Deportation der Wolhyniendeutschen
1916 Evangelisch-lutherische Fakultät in Dorpat aufgehoben
1917 Februarrevolution, Abdankung Nikolaus II., Aufhebung des Liquidationsgesetzes. Gründung eines Zentralkomitees aller Deutschen in Rußland. Oktoberrevolution. Russisch-Polen mit rund 500 000 Deutschen unabhängig. Proklamation der Ukrainischen Volksrepublik. 1. Kongreß der Wolgadeutschen in Saratow, 2. Kongreß in Schilling.
1918 Einmarsch deutscher Truppen in der Ukraine. Verhandlungen von Brest-Litowsk, Verlegung der Regierung von St. Petersburg nach Moskau. Schaffung eines „Kommissariats für deutsche Angelegenheiten an der Wolga“ unter Leitung von Ernst Reuter. Bessarabien zu Rumänien
1918–1921 Bürgerkrieg

Geschichte
der russischen
Werner-Centralschule
zu Sarata
vom 25. Juni 1844 bis 25. Juni 1894.
Festschrift
zum
50-jährigen Jubiläum der Schule
ОДЕССА,
Тип. А. Шульце, Ланжероновская ул., домъ Карузо, № 36.
1894.

Titelseite einer Festschrift der Werner-Schule zu Sarata, herausgegeben in Odessa 1894

1922 Vertrag von Rapallo. Gründung der UdSSR
1923 Allrussische Mennonitische Landwirtschaftsgesellschaft gegr. Wieder ein Deutscher Verein in St. Petersburg
1924 Gründung der Autonomen Sozialistischen Sowjetrepublik der Wolgadeutschen
1925 Einrichtung eines evangelischen Predigerseminars in St. Petersburg/Petrograd/Leningrad (bis 1934)
1926 „Deutsche Zentralzeitung“ erscheint in Moskau
1927 Gründung des Deutschen Rayons im Altaigebiet. Deutsche Siedlungen am Amur
1928 Beginn der Kollektivierung, Schließung der Kirchen, erster Fünfjahresplan. Nahezu alle Deutschen in Sibirien Mitglieder der Kooperative
1929 14 000 deutsche Kolonisten ziehen nach Moskau, um die Auswanderung zu erlangen; weit über die Hälfte wird zurücktransportiert
1930 50 000 Deutsche von der ersten Massendeportation betroffen
1933–1939 Terrorwelle sichert Stalins Alleinherrschaft, Moskau wird Exilort deutscher Kommunisten
1935 Wurden 600 Deutsche aus Aserbaidschan nach Karelien deportiert

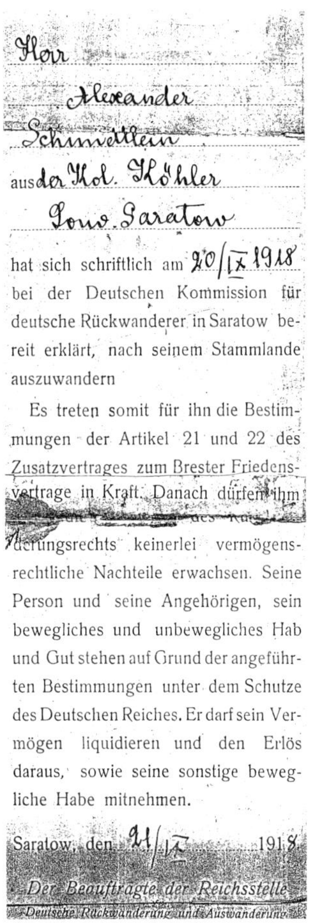

Herr Alexander Schmettlein
aus der Kol. Köhler
Gouv. Saratow
hat sich schriftlich am 20/IX 1918 bei der Deutschen Kommission für deutsche Rückwanderer in Saratow bereit erklärt, nach seinem Stammlande auszuwandern

Es treten somit für ihn die Bestimmungen der Artikel 21 und 22 des Zusatzvertrages zum Brester Friedensvertrage in Kraft. Danach dürfen ihm [illegible] des Rück[illegible]derungsrechts keinerlei vermögensrechtliche Nachteile erwachsen. Seine Person und seine Angehörigen, sein bewegliches und unbewegliches Hab und Gut stehen auf Grund der angeführten Bestimmungen unter dem Schutze des Deutschen Reiches. Er darf sein Vermögen liquidieren und den Erlös daraus, sowie seine sonstige bewegliche Habe mitnehmen.

Saratow, den 21/IX 1918

Der Beauftragte der Reichsstelle
Deutsche Rückwanderung und Auswanderung

Erlaubnisschein zur Rückwanderung nach Deutschland, Saratow 1918

1936 Verband der Deutschen aus Rußland e. V. gegr.
1937 Sämtliche deutschen Kirchen entweiht, keine deutschen Priester mehr im Amt
1939 Deutsch-sowjetischer Nichtangriffspakt mit Festlegung der sowjetisch-deutschen Interessengrenzen. Ausbruch des Zweiten Weltkriegs. Auflösung der deutschen Rayons in der Ukraine
1939/40 Sowjetisch-finnischer Winterkrieg
1940 80 000 Deutsche verlassen Bessarabien (Umsiedlung zunächst ins Wartheland), Bessarabien und die baltischen Staaten werden der UdSSR einverleibt
1941 Beginn des deutsch-sowjetischen Krieges (22. 06). Deutsche von der Krim, aus dem Kaukasus und aus östlichen Teilen des Schwarzmeergebiets werden deportiert (28. 08). Auflösung der Wolgarepublik, Beginn der Verschleppung der Deutschen von der Wolga und aus dem Nordkaukasus nach Sibirien und Mittelasien (bis 1946 knapp eine Million Deutsche). Deutsch-rumänische Truppen erobern Odessa
1943/44 350 000 Rußlanddeutsche werden beim Rückzug der deutschen Truppen aus der Sowjetunion im Wartheland angesiedelt. Russische Truppen wieder in Odessa
1945 Kapitulation der deutschen Wehrmacht, Verschleppung der Rußlanddeutschen aus allen Besatzungszonen nach Sibirien, UdSSR gliedert sich u.a. das nördliche Ostpreußen mit Königsberg an
1950 Konstituierung der „Arbeitsgemeinschaft der Ostumsiedler“ als Landsmannschaft der Deutschen aus Rußland in der Bundesrepublik
1955 Bundeskanzler Adenauer in Moskau. Dekret des Obersten Sowjets „Über die Aufhebung der Beschränkungen in der Rechtsstellung der Deutschen und ihrer Familienangehörigen, die sich in der Sondersiedlung befinden“. Massenabwanderung der Deutschen aus den polaren Verbannungsgebieten. Ab 1955 Verbesserung der Lage der Deutschen in der UdSSR
1956 Das Wochenblatt „Neues Leben“ erscheint im Prawda-Verlag
1957 Erste deutsche Radiosendung von Radio Alma Ata, erste deutsche lutherische Gemeinde seit dem Zweiten Weltkrieg (in Akmolinsk/Zelinograd) registriert, Deutschunterricht in der RSFSR
1958 Deutsche Sektion im sowjetischen Schriftstellerverband
1964 Teil-Rehabilitierung der Rußlanddeutschen
1966 Tageszeitung „Die Freundschaft“ erscheint in Zelinograd (später in Alma-Ata, seit 1991 „Deutsche Allgemeine“)
1969 Deutsche Kirchengemeinden in Karaganda und Frunse registriert
1970 Vertrag von Moskau mit der Bundesrepublik Deutschland
1972 Gründung des „Nationalbunds der Deutschen“ in Astrachan
1978 Versuch der Deutschen scheitert, in Jermentau/Nordkasachstan eine eigene Autonomie einzurichten
1979 Nach der Volkszählung leben 1 936 000 Deutsche in der Sowjetunion
1981 Deutschsprachiges „Dramentheater“ in Temirtau gegr. (heute in Alma-Ata). „Heimatliche Weiten“, ein Almanach für Prosa, Poesie und Publizistik erscheint in Moskau
1985 Michail Gorbatschow Generalsekretär der KPdSU
1989 Der Oberste Sowjet sagt Deutschen Wiederherstellung ihrer Eigenstaatlichkeit zu, Gründung der Gesellschaft „Wiedergeburt“. Proteste in Saratow und Wolgograd gegen Rückkehr der Deutschen
1990 Politbüro in Moskau verwirft Wiedereinrichtung der Wolgarepublik, schlägt „Autonome Republik ohne Territorium“ vor. Der Oberste Sowjet entschuldigt sich „bei allen Deutschen in der Sowjetunion für das ihnen zugefügte Leid“

Der Lockruf der Kaiserin

I
Hoffnung auf ein besseres Leben hatte jenen Bernhardt Ludwig von Platen (Blathen, Blaten) dazu getrieben, sich 1766 als „Offizier, auch gut von Adel“ Kaiserin Katharina II. zu Gnaden anzubieten. Aufgrund seines Standes war Platen zwar durchaus nicht der Prototyp der rund 27 000 deutschen Ostwanderer, die jetzt einer Einladung der Herrscherin nach Rußland folgten. Doch sein Schicksal, sein Reimen, das ihn zum Begründer des rußlanddeutschen Schrifttums machte, war rußlanddeutsche Literatur in der ihr eigenen Spezifik schlechthin: belastet von ständiger Unsicherheit, von einer jähen Diskrepanz zwischen Erwartungen und Wirklichkeit, von Eigenart und Selbstbehauptung.

Rußland, das „Land, wo Milch und Honig fließt“: Der arbeitslose Offizier von Platen war in Lübeck einem in Kolonisten-Sammlungsgeschäften erfahrenen Commissario aufgesessen. Noch während der „sechswöchigen Wasserfahrt“ nach Oranienbaum bei St. Petersburg beginnt Platen, der sich ganz offensichtlich mehr Gedanken über das Aus- als das Einwandern gemacht hatte, mit seiner „Reise-Beschreibung der Kolonisten, wie auch Lebensart der Russen“, um Erlebtes in Gedichtform nachzuzeichnen:

„Was ist das für ein Schmerz, / daß ich muß Deutschland meiden, / und nun als Kolonist / viel Plag und Kummer leiden. / Betrübnis, viel Verdruß / zu Wasser und zu Land, / drum bin ich ärgerlich / in diesem neuen Stand.“

Zum Schmerz kommen Todesangst und Hungersnot: Platens Wunsch, als Offizier Katharinas II. zu arbeiten, wird zerschlagen. Dafür läßt er sich überreden, als „Kolonist“ an die Wolga zu gehen. Nach einem langen Winterquartier in Torschok zieht er staatlich gelenkt im Frühjahr 1767 zusammen mit 137 Familien wolgaabwärts bis Saratow:

„Ich dachte bei mir selbst: / Ist das der schöne Ort, / der hat nicht mal ein Tor / viel weniger ein Pfort. / Lang quälen ist der Tod, / wir haben uns ergeben, / mag kosten Haut und Haar / herein ins wilde Leben.“

Platen – sein Geldsack ist inzwischen ein „Pankrott“ – wird in wilder Einöde Mitbegründer der Kolonie Hussenbach auf der Bergseite der Wolga: „... Nun wurden wir verteilt / als wie in Noahs Kasten, / wer nichts zu fressen hat, / bereite sich zum Fasten.“

Der Kolonist, später der erste Schulmeister der Wolgakolonie Jost, reiht Strophe an Strophe, beginnt bereits auch damit, russische Ausdrücke wie Muttersprache zu verwenden. Matuschka und gorschok, badeika und baba fließen in seinen Wortschatz ein. Die Erfordernisse des Gastlandes übermannen ihn und seine Gruppe. Damit, daß er als Offizier nun plötzlich Ackerbauer war, schien er sich abzufinden: „... Kein Adel-Charakter / kein Amtsrecht, kein Offizier: / Ihr müßt nur Bauern sein, / da ist kein Rat dafür!“

Nicht etwa, daß Katharina Einwanderer aus deutschen Landen bewußt ins Verderben stürzen wollte. Vieles konnte man der in Stettin geborenen Prinzessin Sophie, einer Tochter des Fürsten Christian August von Anhalt-Zerbst und durch Palastrevolution zur Selbstherrscherin aller Reußen gewordenen Kaiserin nachsagen. Darunter auch, daß sie – Skandal und Zierde ihrer Zeit – ihren Ehemann und Monarchen Peter III., Sohn des holsteinischen Herzogs Karl Friedrich, ermorden hatte lassen, um als Todesursache den Willen des allmächtigen Gottes und eine „aus Hämorrhoidal-Zufällen herrührende Colick“ dafür verantwortlich zu machen. Doch nachdem ihr dann

„Der Deutsche ist schlau, er hat den Affen erfunden“
Russisches Sprichwort zur Zarenzeit

Zarin Katharina II. (1762–1796), ehemalige Sophie Friederike Auguste von Anhalt-Zerbst

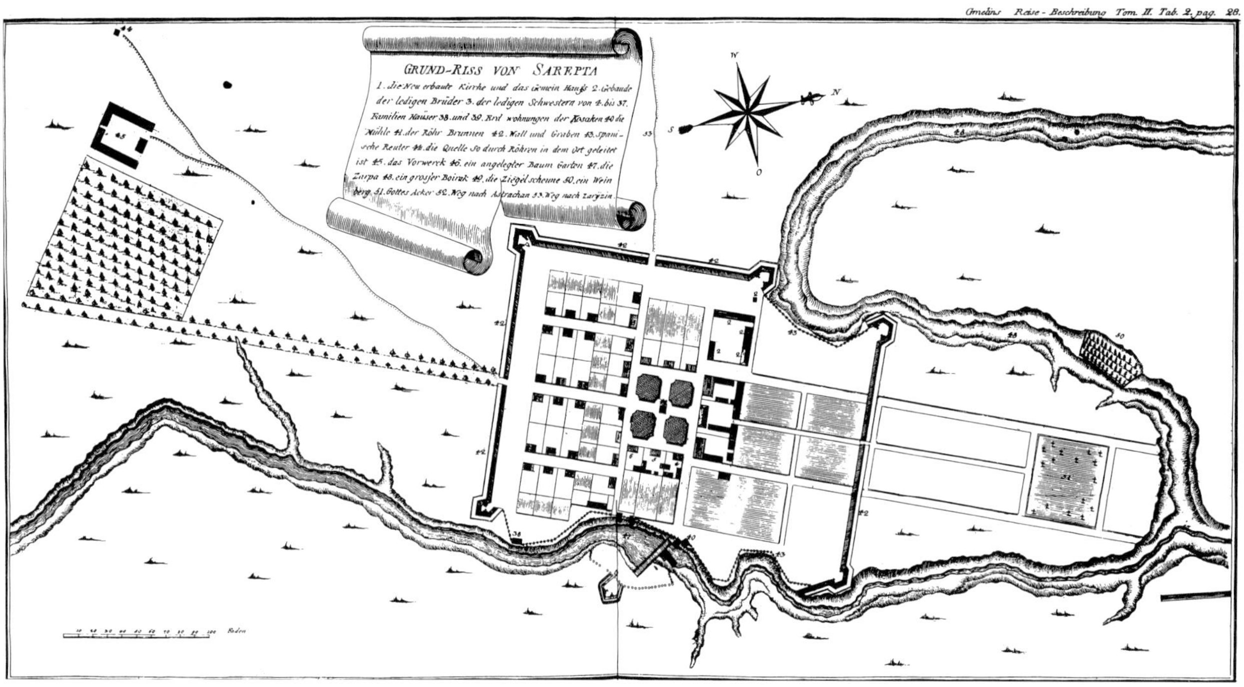

Grundriß von Sarepta am Sarpafluß, einer Filiale der Herrnhuter Brüdergemeine

„der weite Umfang der Länder Unseres Reiches zur Genüge bekannt“ geworden war, schloß sie zurecht daraus, daß „keine geringe Zahl unbebauter Gegenden mit vorteilhafter Bequemlichkeit zur Bevölkerung und Bewohnung des menschlichen Geschlechts nützbarlichst angewendet werden könnte“. Die Ansiedlung deutscher Kolonisten an der Wolga im Rahmen der katharinischen „Populationstheorie“, eine neue Bodenkultur, nicht zuletzt ein deutscher Schutzwall gegen Überfälle von Kirgisen und Kalmücken, entsprachen so auch durchaus den Bedürfnissen des russischen Reiches.

Was die Kaiserin als Tochter eines preußischen Generals – Zeitgenossin Maria Theresias und Friedrichs II. von Preußen – unter „vorteilhafter Bequemlichkeit“ verstanden haben mag, ist nicht überliefert. Platen jedenfalls notierte: „Da habt ihr euren Fleck, / nun schafft euch euer Brot, / arbeiten müßt ihr / so lang bis in den Tod. / Und wenn ihr gnug geschafft, / so ist es denn vollendet, / dann heißt es große Not, / viel Arbeit wenig Brot.“

Die ersten deutschen Einwanderer starben zu Tausenden an Krankheiten wie Typhus oder Wechselfieber und durch Raubüberfälle, lange bevor sie die Ufer der mittleren Wolga „fremdländisch-westlich beleben“ konnten. Alleine zwischen 1771 und 1774 wurden von Kalmücken, Mordwinen und Kirgisen – Nachbarn im gelobten Land –, 17 deutsche Dörfer zerstört, deutsche Kolonisten aus Frankfurt am Maijen, Wetzlar oder Friedberg dann selbst noch auf den Sklavenmärkten von Buchara verkauft. Leben und Erleben, wie es sich nun mit fetten Lettern, auf rußlanddeutsche Generationen abgestimmt, ins Weltwanderbuch der deutschen Emigration eintrug: „Den ersten der Tod, den zweiten die Not, den dritten das Brot...“

Die Anwerbung ausländischer Arbeitskräfte, damit auch „Teutscher“ oder „Nemzy“, hatte in Rußland längst Tradition: Abgesehen davon, daß es schon früh eheliche Verbindungen zwischen Ost und West gab und noch geben sollte – die meisten russischen Zaren waren mit deutschen Häusern verwandt –, saßen lange vor der planmäßigen Ansiedlungspolitik Deutsche schon in Kiew, wo Fürst Wladimir 988 das Volk zur Taufe an den Dnjepr führte, dann Kaufleute der Hanse in der Freien Stadt Groß-Nowgorod, wo ihnen der Deutsche Hof zu St. Peter als Quartier zugewiesen war.

Ritter, Geistliche und Kaufleute waren gen Ostland gezogen, als Handel und Religion noch als die stärksten Kräfte hinter der Ostbewegung galten. Den Bremer Bischof Albert machte die Gründung Rigas im „Marienland" zum eigentlichen Vater Livlands. Großfürst Gedemin lud Kolonisten ein, worauf sich Deutsche in Wilna ansiedelten, Iwan III. (1462–1505) warb Handwerker und Künstler aus dem Westen an. Iwan IV. (1533–1584) – nicht ganz zu Unrecht auch „Grosnyj", der „Schreckliche" genannt –, ließ mit dem Ziel, Moskau als Hauptstadt des damaligen Rußlands auszubauen, in deutschen Landen Gelehrte, Gewerbetreibende, Handwerker, Ärzte, Festungsingenieure und Militärs anwerben. „Teutsche krigsleut zu pferde" verteidigten im Reformationsjahrhundert den Kreml, zusätzlich ließ Iwan deutsche Bürger als Bürgen ihrer Städte aus Livland nach Moskau, Nishnij Nowgorod und selbst noch nach Sibirien verschleppen. Unter ihnen für orthodoxe Gefühle die Repräsentanten eines rundum verwerflichen Glaubens: der Bischof von Dorpat und ein lutherischer Priester. Um 1500 war in Moskau eine deutsche Vorstadt, die „Nemezkaja Sloboda" gegründet worden, in der sich eine Gruppe unter großzügigen Privilegien aus dem Ausland angelockter Einwanderer sammelte. Ein paar Jahre später werden die St.-Michaels- und Petri-Paul-Gemeinde gestiftet. Während sich um St. Michael nun vorwiegend die Kaufleute und Handwerker scharen, ist Petri-Paul zuallererst eine „Teutsche Evangelische Offizierskirche", also ein Gotteshaus für Militärs. Mitte des 17. Jh., nach Zerstörung ihrer Siedlung, ziehen die Sloboda-Deutschen auf Druck der orthodoxen Geistlichkeit vor die Stadtmauern Moskaus auf das linke Ufer des Flüßchens Jausa um.

Ende des 16., Anfang des 17. Jh. dehnt das russische Reich seine Macht über den westlichen Teil der Ukraine hinaus und dringt im Süden zum Asowschen Meer vor. Unter Zar Alexey Michailowitsch (1645–1676) bekommen Städte wie Nowgorod, Kasanj und Pleskau (Pskow) deutsche Vorstädte. Moskau öffnet sich mehr und mehr der europäischen Kultur und Mode.

Mit der Eroberung des dominium maris baltici, der Ostseeprovinzen durch Peter I., den Großen, wird das Deutschtum in Rußland erheblich gestärkt. Man profitiert jetzt von einem überaus leistungsfähigen deutschen Bürgertum in den baltischen Städten, vom reichen baltischen Geistesleben. Die Baltendeutschen selbst – ein hanseatisches Bürgertum und Ritterschaften als Erben des Deutschen Ordens – erfreuen sich bald einer Sonderstellung unter

Zar Alexey Michailowitsch I (1645–1676)

Stenka Rasin, Führer von Donkosaken und aufständischen Bauern ab 1667

den Zaren, die ganze Regimenter der Garde, ganze Ministerien und ihre hohe Bürokratie mit ihnen besetzen. Der westlich orientierte Peter räumt den Deutschen, die er als Kind in Moskaus „Nemezkaja Sloboda" kennengelernt hatte, bei der von ihm vorangetriebenen Europäisierung Rußlands eine prominente Rolle ein. Als „gebetene Gäste" sollen sie den Russen ein Vorbild sein.

Peters Haltung kommt besonders dem Deutschtum im aufstrebenden St. Petersburg zugute, das zur neuen Metropole des russischen Reiches avanciert: 1703 wurde eine erste holzgebaute evangelische Kirche errichtet, Vorläufer der großen St.-Annen-Kirche. Die Eröffnung einer Akademie der Wissenschaften, an der viele Deutsche lehren, fällt zwar in die Zeit nach Peters Tod, konnte aber als sein Werk gelten. Mit der Akademie kam – so Rußlands Nationaldichter Puschkin – „die europäische Bildung an die Ufer der eroberten Newa". Nicht ohne symbolische Bedeutung war, daß Peter die Stadt im Nebelland des Mündungsgebietes der Newa zuerst auf holländisch Sankt Pietersburch nannte, bevor sich der deutsche Namen St. Petersburg einbürgerte.

Peter der Große, der laut Zeitzeugen gelegentlich mehr Deutsch als Russisch sprach, starb 1725 als „allrußländischer Imperator" in seinem Winterpalast an der Deutschen Straße beim Wintergraben zu St. Petersburg. In jener Stadt, die der russische Dichter Gogol in seinen „Petersburger Erzählungen" einmal beschreiben sollte: „Petersburg, das ist ein akkurater Mensch, ein vollendeter Deutscher, der auf alles mit genauer Berechnung schaut... und gleichzeitig ein Rätsel, ein Mysterium, eine Stadt, die die Prosa vertreibt und die Poesie hervorzaubert."

Zu besonderer Blüte wuchs das Rußlanddeutschtum unter der Witwe Friedrich Wilhelms von Kurland, Zarin Anna Ioannowna (1730–40), einer Nichte Peters. Fast alle einflußreichen Stellen am Hof, in Verwaltung, beim Militär und in der Diplomatie sind jetzt von – meist baltischen – Deutschen besetzt. Heinrich Johann Friedrich Ostermann aus westfälischer Pastorenfamilie hatte Anna Ioannowna auf den Thron geholfen und wird Vizekanzler, ein-

Burkhard Christoph von Münnich (1683–1767), Ingenieur, Feldherr und Staatsmann

flußreichster Günstling am Hof der Herrscherin ist der ehemalige Kammerherr Ernst Johann von Biron, der für seine Dienste zum Herzog von Kurland befördert wird. Generalfeldmarschall Burkhard Christoph Münnich aus einem oldenburgischem Deichgrafengeschlecht gilt neben Suworow als populärster russischer Feldherr. Charakteristisch für jene Zeit und ihre nicht immer qualifizierte Bevorzugung alles Deutschen ist ein Heeresbefehl, der herausstellt, daß jetzt „auch Russen“ in die Rangliste der Garde eingetragen werden könnten. Nach dem Tod der Zarin war erst Biron, dann Münnich und schließlich Ostermann die erste Macht im Staate.
Mit Katharina II., „Kaiserin und Selbstherrscherin von ganz Rußland, von Moskau, Kiew, Wolodimir, Nowgorod, Zarin von Kasanj, Astrachanj, Sibirien. Frau von Pleskow und Großfürstin von Smolensk, Fürstin zu Estland und Livland...“ usw., begann durch eine planmäßige Einwanderungspolitik eine neue Epoche in der Geschichte der Deutschen in Rußland. Von der Zarin eingeladen, wanderten zwischen 1763 und 1767 rund 8000 Familien (etwa 27000 Personen) ins Wolgagebiet ein. Auf der Berg- und Wiesenseite des Flußes bauten die Kleins oder Bauers, die Heckmanns oder Eurichs ab 1764 ihre Kolonien wie Anton, Fischer, Schilling, Rosenhain oder Hussaren, aber auch Rothammel, Rohleder, Pfannenstiel oder Orte mit Erinnerungsnamen wie Schaffhausen, Bern, Zürich und Holstein. Die ersten Kolonisten waren aus Hessen gekommen, alleine in der Marienkirche von Büdingen trugen sich 1765/66 rund 400 Hochzeitspaare ein, die bei der Trauung schon als „Russische Colonisten“ galten. Gegenmaßnahmen der Regierungen, die laut Waldecker Auswanderungsakten „dergleichen arme Colonisten für das ganze menschliche Geschlecht

Katharina II., die erste Deutsche auf dem Zarenthron

für so gut wie verloren“ hielten und die Ausreisen durch landesherrliche Verordnungen stoppen wollten, schlugen weitgehend fehl. Schnell folgten den Hessen Familien aus Baden, Württemberg, aus dem Elsaß, der Pfalz, der Schweiz, aus Bayrisch-Schwaben, aus Norddeutschland und Westpreußen.
An die Zeit der frühen Kolonisation erinnert David Kufeld in seinem berühmten „Lied vom Küster Deis“: „Weit, weit in der Stepp' / wo Eulen wilde schreien, Wölfe heulen, / kalter Sturm die Leute schreckt / und ein Silbermeer im Winter / glitzernd Hütt' und Steppe deckt. / Gottesfürchtige, gescheite, / botmäßige Leute gründeten am Hersulan / dieses erste deutsche Dörflein / und sie nannten's Neurußland.“
1807, als ein Pastor Huber die Wolgakolonien besuchte, schrieb er über seinen Eindruck: „Die Deutschen leben hier in Wohlstand. Anfangs ging es ihnen hart, jetzt haben sie gewonnen; sie essen und trinken besser als jeder deutsche Landsmann.“

II

Die Einwanderer aus deutschen Landen kamen nun in großen Zügen,

Zarin Elisabeth I. (1741–1761), Tochter Peters des Großen

bereit, auf jeweils 30 bis 80 Deßjatinen an brauchbarem Felde in unbebauter Gegend die „staatliche Aufgabe“ Katharinas und dann Alexanders I. zu lösen (eine Deßj. gleich 1,09 Hektar). Das bedeutete hin und wieder auch, in den von Nomadenvölkern beherrschten oder gänzlich unbewohnten Steppen und Waldgebieten neben landwirtschaftlichen Kulturen Schutzwälle gegen „revolutionäre Massen“ anzulegen. In dem Ausmaß, wie sich Rußland durch ein Türken und Krimtataren abgenommenes Gebiet allmählich vergrößerte, wuchs der Zug nach Osten. Er ließ sich selbst dadurch nicht mehr stoppen, daß jetzt etwa das Land der Bayern russische Auswanderungsagenten mit dem Galgen, die Österreicher „Leut-Verführer“ mit Tortur und „zur Erweckung eines größeren Abscheus“ mit dem Strang bedrohten, die Badener St. Petersburg baten, heimwehkranken Badenern die Ausreise aus Rußland generell zu verbieten..., daß nunmehr auch das „engelländische America“ den Emigranten lockte.

Der Bauerndichter Wilhelm Keller griff zur Feder: „Siehst du sie wandern, jene Männer / mit Kind und Weib dem Osten zu? / Bedrängte Seelen suchten Ruh' / in weiter Welt / auf wildem Feld / als wahre Gottbekenner... Und deutsche Bauern Furchen zogen / wo nie ein Pflug zu sehen war, / und Schweiß tropft von dem Haar. / Und Not auf Not / und Tod auf Tod... Doch mußten Ährenfelder wogen“.

Hatten doch Mütterchen Zarin aus anhaltiner Fürstenhaus und Alexander I. „allen Ausländern in Unser Reich zu kommen verstattet, um sich in allen Gouvernements, wo es einem jeden gefällt, häuslich niederzulassen“. Gestatteten sie ihnen in einem Land, das 20 Millionen Menschen hatte, aber 200 Millionen ernähren konnte, „unverhindert die Freie Religionsübung nach ihren kirchlichen Satzungen und Gebräuchen“. Keiner „unter solchen zur häuslichen Niederlassung nach Rußland gekommenen Ausländer“ sollte „an Unsere Cassa die geringsten Abgaben entrichten und weder gewöhnliche oder außerordentliche Dienste zu leisten gezwungen sein“. Das bedeutete auch, daß „solche in Rußland sich niedergelassene Ausländer während der ganzen Zeit ihres Hierseins wider Willen weder in Militär- noch in Zivildienst genommen werden sollen“. Wer als Freiwilliger in den Militärdienst eintreten wollte, erhielt bei seiner „Enrollierung“ einen Sonderbonus. Den Siedlern stellte man freien Transport von der russischen Grenze zum Siedlungsort, Zollfreiheit bei der Einwanderung und eine staatliche Anleihe beim Häuserbau in Aussicht.

Die zur Ansiedlung der Kolonisten angewiesenen Ländereien wurden den Gemeinden zum unantastbaren und erblichen Besitz auf ewige Zei-

ten überlassen, sie durften allerdings ohne Wissen und Willen der jeweiligen Gemeindeverwaltung nicht verkauft oder abgetreten werden. Ferner wurde den Kolonisten das Recht auf gemeindliche Selbstverwaltung ohne Einmischung der russischen Behörden in ihre inneren Angelegenheiten gewährt. Es war ihnen erlaubt, Leibeigene zu kaufen und sich „Angehörige moslemischer Völker untertan“ zu machen. Wichtig schließlich noch die Zusicherung, daß alle Kolonisten das Zarenreich jederzeit wieder ungehindert verlassen durften.
Das waren Privilegien, die eine gewaltige Einwanderungsbewegung rund 100 Jahre andauern ließen, die deutsche Kolonisten – Menschen, die häufig „im Vatterland ihr Brod nicht haben“ – bald nicht mehr nur an die Wolga, sondern auch in die Südukraine, auf die Krim, nach Bessarabien oder in den Kaukasus, damit an die Trennlinie zwischen Europa und Asien zogen. Mit den Deutschen kamen Holländer, Schweden,

Michael W. Lomonossow (1711–1765), nach dem Studium in Marburg Rußlands erster namhafter Naturwissenschaftler

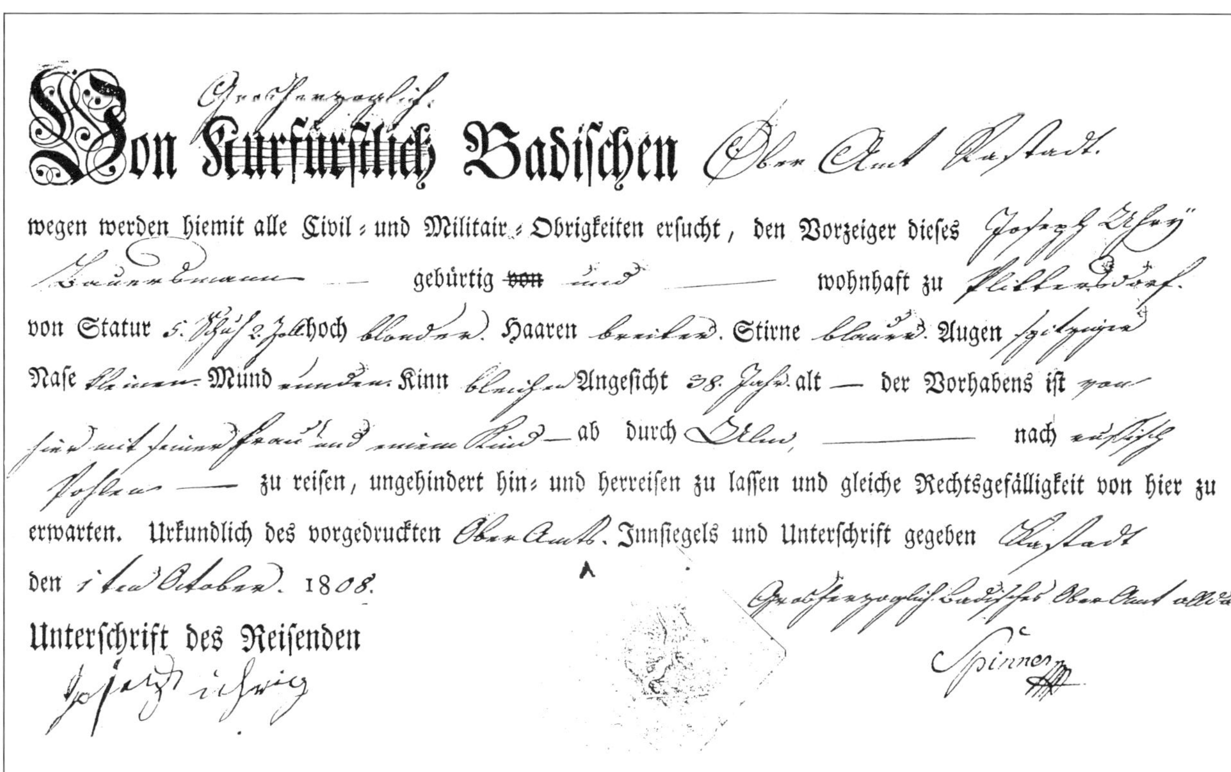

Von Kurfürstlich Badischen Ober Amt Rastadt.
wegen werden hiemit alle Civil- und Militair-Obrigkeiten ersucht, den Vorzeiger dieses … gebürtig ~~von~~ … wohnhaft zu …
von Statur 5 Schuh 2 Zoll hoch … Haaren … Stirne … Augen …
Nase … Mund … Kinn … Angesicht 38 Jahr alt – der Vorhabens ist …
… ab durch … nach …
… zu reisen, ungehindert hin- und herreisen zu lassen und gleiche Rechtsgefälligkeit von hier zu erwarten. Urkundlich des vorgedruckten Ober Amts Innsiegels und Unterschrift gegeben Rastadt
den 1ten October 1808.
Unterschrift des Reisenden

Reisedokument eines deutschen Auswanderers nach Rußland, 1808

Franzosen, Bulgaren, Serben, Tschechen, Italiener...
Voraussetzung dafür war, daß Katharina II., eine der wichtigsten Vertreterinnen des aufgeklärten Absolutismus, die mit Voltaire korrespondierte, hin und wieder durchaus auch zu Despotismus neigte, den Türken die nördliche Schwarzmeerküste zwischen Krim und Dnjestr abnehmen konnte. Ihre Orientkriege schwächten den Nachbarn, der das Schwarze Meere als mare clausum geschlossen und die russischen Ströme blockiert hatte. Der Aufsiedlung der südrussischen Steppe mit Siedlern aus den angrenzenden Provinzen und Kolonisten aus dem Ausland stand damit militärisch nichts mehr im Weg. Unter ihnen ein Johannes Mayer, 1817 im Kaukasus eingetroffen, der sich später in seiner „kurzen Biographie“ an die frühe Kolonisation erinnern sollte:
„Ich bin im deutschen Reich geboren, / zu Württemberg im Schwabenland, / ih war dorten auserkohren / zur Bürgerschaft im Vaterland. / Doch anders hat es Gott ersehn, / ich mußte aus der Heimat gehn... Hier angekommen kam der Winter, / kein Haus, kein Obdach war noch nicht, / kein Brot gab's für die armen Kinder, / man schämte sich des Bettelns nicht. / Kein Stall und Futter war fürs Vieh / von a bis z war Not und Müh... Da wurd geschossen und gehauen, / geplündert und getötet gar, / es war erschrecklich anzuschauen, / ein jedes war in Todesgefahr. / Ein jedes rief: ‚Verlaß mich nicht / mein Gott, mein Gott, in dem Gericht.‘ “
Nachdem Fürst Potemkin das türkische Bollwerk Otschakow im Winkel des Odessaer Meerbusens und schließlich auch die Festung Ismail am Donaudelta genommen hatte, bringt ein Manifest Katharinas preußische Kolonisten zur landwirschaftlichen Kolonisierung in das Steppengebiet „Neurußlands“. Schon 1789 lassen sich die ersten – meist ver-

Eine Jagdgesellschaft bei Sarata in Bessarabien nach der Treibjagd

armten – Mennonitenfamilien südlich von Jekaterinoslaw (Dnjepropetrowsk) auf dem linken Ufer des Dnjepr nieder und bauen die Kolonie Chortitza (oder „Alte Kolonie“) mit Dörfern wie Neuburg, Neudorf oder Blumgart. Diese Mennoniten waren als Taufgesinnte Angehörige eines Flügels der Reformation, ursprünglich aus der Schweiz, aus Süddeutschland und dem heutigen belgisch-niederländischen Raum nach Westpreußen emigriert, nun nach Rußland weitergezogen, wo man sie – der größte Teil war friesischer Herkunft – gerne Rußlandfriesen nannte. In der Ukraine führen sie jetzt die Kartoffel und den eisernen Pflug, die Brache und die Fruchtfolge ein.

1801 folgen Familien aus Württemberg, danach aus dem Elsaß, drei Jahre später kommt es zur Gründung der Kolonien Rosental, Neusatz, Sudak und Zürichtal. Westlich von Odessa entsteht Großliebental. 1808 folgen die katholischen Kolonien des Kutschurganer Gebiets mit Einwanderern vorwiegend aus Baden, der Bayrischen Pfalz und aus dem Elsaß, was sich in Siedlungsnamen wie Mannheim, Straßburg, Kandel oder Baden niederschlägt. Württembergische, badische, elsäßische und preußische Protestanten treffen im Glückstaler Gebiet ein, gründen Neudorf, Kassel und Bergdorf. Im Beresaner Gebiet entstehen Rohrbach und Worms (protestantisch), Karlsruhe, Rastatt, München, Speyer und Sulz (katholisch). Badener ziehen ins Prischiber Gebiet (Heidelberg, Karlsruhe, Durlach, Weinau), Württemberger, Schweizer, Elsäßer und wiederum Badener auf die Krim (Heilbrunn, Neusatz, Kronental)... Nach der Wolga war das Schwarzmeergebiet jetzt zum bevorzugten Ziel der deutschen Kolonisten geworden.

Wie Napoleons Kriege Europa verändern, folgen Wellen um Wellen mit

Blumenort, eine typische Siedlung der Mennoniten in Taurien

Neueinwanderern, besonders in den Jahren 1804–1809, danach 1817, 1822/23 und 1837. In 209 deutschen Kolonien des Schwarzmeergebiets finden dabei rund 10 000 Familien eine neue Heimat. Das Land der Verheißung trügt zunächst, die Kolonisten waren angekommen, die russische Regierung noch nicht. Die Einlösung vieler Versprechungen läßt so auch auf sich warten.

Aus Peterstal am Steppenflüßchen Baraboi, unweit von Odessa, ist ein Kolonistenlied dieser Zeit überliefert, dessen Autoren den ungeübten Kampf mit Form und Ausdruck durch die Überlieferung des Erlebten wettmachen: „Wir han auf den Schiffen gestanden, / kein Bissen Brot war vorhanden, / 's war große Hungersnot. / Wir ließen den Zaren bitten, / er möcht uns doch erretten / mit einem Bissen Brot. / Der Zar der tät uns schicken / wohl dreißig Silberstück / für soviel hundert Mann! / Die Stücklein waren geschnitten / so groß wie die halben Glieder, / die an dem Finger san. / Wir haben's nit

Christus-Erlöser Kathedrale in Moskau, zerstört 1931

Schafrassen erfahren sind...". Die Ministerien des Zaren – im 18. Jh. hatte Rußland alleine fünf deutsche Finanzminister – hatten offensichtlich zu rechnen begonnen: Die Ansiedlung einer einzigen deutschen Familie kostete die Regierung in St. Petersburg immerhin rund 5000 Rubel!

III

Es gab jetzt in Rußland rein hessische Dörfer an der Wolga, rein schwäbische evangelische Gemeinden in Taurien, im Gebiet von Odessa und im Kaukasus, rein katholische Gemeinden etwa im Grunauer Gebiet, rein mennonitische an der Molotschna... der deutsche Einwanderer war rundherum ein überaus vielschichtiges Wesen geblieben. Vielschichtig wie die übervölkerten deutschen Lande, aus denen er stammte, vielschichtig wie die wirtschaftlichen, gesellschaftlichen und politischen Motive, oder schlicht die zu erwartenden Abenteuer, die ihn zur Emigration veranlaßt hatten.

Als einer der wichtigten Gründe für die Ostbewegung konnten daneben immer Notstände im kirchlichen Bereich der Heimat gelten: Katholiken verließen protestantische, Protestanten katholische Gegenden, mit ihnen kamen Baptisten, Pietisten (Stundenbrüder), Separatisten, Chiliasten, Erwecker und Erweckte. Eine besondere, gelegentlich sogar ausschlaggebende Rolle spielte dabei die Person Alexanders I. Galt der Zar in Erwek-

kungskreisen doch als der „Adler vom Aufgang“ (Jesaja 46,11) und „Engel des Bundes“ (Maleachi 3), der da „von Mitternacht heraufzieht gegen Babel“, wobei das sündige Babel nichts anderes als das Frankreich Napoleons sein konnte. Alexanders „Heilige Allianz“ war für viele Christen vergleichbar mit Daniels „Heiligem Bund“. Kein Wunder, daß sein Land in frommen deutschen Kreisen dafür als „Arche Noah“ galt, was die größte Auswanderungswelle des deutschen Bauerntums auslöste, die erst mit dem Tod des Herrschers ein Ende fand.
Religiöse Gründe sind dann auch ausschlaggebend für die Weiterwanderung deutscher Protestanten aus ihrer Zwischenheimat (Kongreß-)Polen, das der Wiener Kongreß auf der Suche nach einer dauerhaften Friedenslösung dem Zar als König von Polen zugesprochen hat: ab 1814 siedeln sich sogenannte „Warschauer Kolonisten“ am Kunduk, in Tarutino und Borodino an.
Die Wanderbewegung, Heimweh, Krankheiten, Witterungsbedingungen und allgemeine Unzulänglichkeiten fordern weiterhin ihren Tribut. Aus dem Osten kommen die Verse eines Württembergers in die Heimat zurück: „Der langen Reise Überdruß ermattet tausendfach, / und kommt ihr hin, so findet ihr nicht weder Dach und Fach. / Dann sehnt ihr euch nach dem holden Herd, der euch und sie gehegt, / der euch und sie in seinem Schoß so mütterlich gepflegt! ... Die Liebe zu dem Vaterland gräbt sonst kein Meißel aus. / Wer sehnt sich von der Wanderschaft nicht heim ins Vaterhaus? ... So steht die Sach! Drum rat' ich euch: Ihr Lieben, bleibet hie! / Wo nicht, so rennt ins Unglück! Rennt hin! Adieu! Parti!“
Für andere bedeutet Rußland das Glück. Wie aus Kolonisten „Landwirte“ werden, breiten sich die Siedlungen aus. Einzelne Bauern, Verwandtschaften, Sippen und Gesellschaften gründen Dörfer auf eigenem Grund und Boden. Besonders im Chersoner Gouvernement – Tiraspol, Cherson und Odessa – halten die Deutschen bald die Hälfte des Kulturlandes. Von hier aus greifen sie in immer weitere Kreise: nach Ananjew, Elisabethgrad, Alexandria, über Bachmut hinaus in das Dongebiet. Vom Don hinüber in die Kubanj- und Terekgebiete des nördlichen Kaukasus. Sie ziehen in die Gouvernements Orenburg und Ufa ein, in die Kulundasteppe, ins Altaigebiet.
Dabei war nie zu übersehen, daß der Großteil der Kolonisten aus deutschen Bauern und Handwerkern bestand, die, getragen von einem tiefen Familiensinn und vom Zusammengehörigkeitsgefühl der Sippschaften, deutsche Bauern und Handwerker bleiben wollten. Während in den Städten die Assimilierung durchaus spürbar war – schon bald gab es dort echte russische Müllers oder Meiers – entstand draußen auf dem Land, am Dnjepr oder an der Wolga, am Karasan oder am Bug, wo man lange genug abgekapselt lebte, ein neues Volk. Man war als ein in Rußland geborener Deutscher Untertan des

Fürst Kutusow, als Feldherr Alexanders I. der Stratege des Sieges über Napoleon

Zar Alexander II. (1855–1881), verheiratet mit Maria von Hessen

Zaren, trotzdem ein eigenes Volk, wie es Peter Sinner aus Schilling an der Wolga in die Worte faßte:
„Mein Wolgavolk, du hast aus deinen Tiefen / gehoben deinen Sohn ans Licht empor, / die Kräfte, die in meinem Herzen schliefen, / du riefest sie zu frohem Tun hervor. / Mein Wolgavolk, ich habe stets in Treue / mit dir geteilt die Freude und das Leid, / dir weihe jeden Tag ich mich aufs neue, / in stillem ernsten Wirken allezeit... Wenn zu den Vätern ich versammelt werde, / mein letzter Mahnruf sei's vor Grabesnacht: / Bleib treu, mein Wolgavolk, der Heimaterde."
Man war deutsch, doch man war – besonders in Notzeiten – durchaus loyal dem Land gegenüber, das mit dem Recht auf Grund und Boden die langjährige Sehnsucht gerade auch des einfachen Mannes erfüllt hatte. In Kriegszeiten standen die Deutschen dann auch fest hinter ihrem Herrscherhaus. Schon als es gegen Napoleon ging, stellte laut „St. Petersburger Zeitung" der Staatsrat Storch für die Dauer des Krieges die Hälfte seines Gehalts zur Verfügung, die 1243 Meister der deutschen Zünfte in St. Petersburg stifteten rund 35 000 Rubel, der Flottenkapitän im 1. Rang Adam Johann Krusenstern brachte 600 Rubel auf ... Im russischen Heer standen rund 70 Generäle und Generalmajoren (jeder fünfte Name in der Heroenhalle der Petersburger Eremitage klingt deutsch), die Wolgakolonie nahm eine ganze Reihe von Kriegsgefangenen auf. Und in deutschen Kreisen erklang jetzt ein Volkslied, das bis in unsere Zeit hinein hin und wieder noch gesungen wird:
„Ist das denn auch wirklich wahr / wie man hat vernommen, / daß der Kaiser Napoleon / sei nach Rußland kommen? / Viel zu Pferd und viel zu Fuß / sind nach Rußland kommen, / haben sogleich die schöne Stadt / Moskau eingenommen ... Morgens kam ein Offizier: ‚Alles ist verloren, / alle unsre schönen Leut / sind im Schnee erfroren.' / Als der Kaiser das erfuhr, / war er sehr erschrokken, / daß all seine schönen Leut / sind im Schnee erfroren. / Kaiser, der Napoleon, / wurd aus seinem Lager / und mit Weh und Ach so groß / wieder aus Moskau geschlagen."
Als Preußen und Rußland das Bündnis von Tauroggen gegen Napoleon beschlossen, zeichnete für Preußen General Yorck, für die Russen der aus Preußen stammende General Diebitsch.
Auf Napoleon folgten die Kriege gegen Persien, die Türken, der Krimkrieg. Bei so viel Schlachtengetümmel konnte es nicht verwundern, daß das Staatsvolk mit Neid auf die Privilegien der Deutschen blickte, die sie unter anderem vom Wehrdienst befreiten. Generell wurde im weiten Land jetzt mehr und mehr Stellung gegen die ethnisch wie kon-

fessionell fremde Volksgruppe bezogen, befürchtete man doch eine Änderung des Charakters jener Gegenden, in denen die Kolonisten siedelten. Die Gefahr bestand – mit Fürst Dondukow-Korsakow 1874 in einem Schreiben an den Ministerrat –, „daß sich dort statt der Russifizierung eine Germanisierung ergeben könne".

Diese Befürchtung hat dann verstärkt auch Zar Alexander III., der 1881 nach der Ermordung seines Vaters mit der Vorstellung, daß Rußland den Russen gehören müsse, auf den Thron kommt. Im gleichen Jahr erscheint das Gutachten des Generalgouverneurs von Kiew, Ignatjew, der feststellen will, daß „die ausländische Kolonisation in Rußland keinen Nutzen bringt". Die Besiedlung der westlichen Gouvernements mit Deutschen sei wegen deren festem Willen, sich ständig national abzusondern, nicht nur als schädlich, sondern als im höchsten Grade gefährlich zu erachten. Es sei somit höchst notwendig, den weiteren Zustrom von Kolonisten aus dem Westen zu verhindern und ausländischen Untertanen unbedingt zu verbieten, in den Grenzen Rußlands Ländereien zu erwerben und sich kolonienweise, wenn auch nur als Pächter, anzusiedeln. Dieses Verbot sei auf das ganze Reich auszudehnen.

Das deutsche Kolonistenlied, das wie das Gedicht in gewissem Sinne aus dem Mitteilungsbedürfnis des Siedlers gegenüber den Siedlern entsteht, antwortet auf die Russifizierungstendenzen: „Schließt man uns in Ketten ein, / wir wollen sie zerreiben, / wir wollen keine Russen sein, / wir wollen Deutsche bleiben."

Alexander III. verbietet 1887 Reichsdeutschen den Landerwerb in den westlichen Gouvernements, auch die Verwaltung von Gütern wird ihnen untersagt. Ein paar Jahre später werden die Gouverneure angewiesen, Deutschen unentgeltlich Erlaubnisscheine mit Aufhebung der Staatsangehörigkeit zur Ausreise auszustellen. Ansonsten bleibt es beim Gesetz, das die Auswanderung aus Rußland verbietet. Besonders gravierend für die deutschen Kolonisten war jedoch zuvor schon die Einführung der Wehrpflicht unter dem mit Maria von Hessen vermählten Zaren Alexander II. (1855–1881) gewesen, damit der Wortbruch des Herrscherhauses, der sich wie alle einschneidenden Veränderungen im Leben der Rußlanddeutschen unmittelbar auch im Volkslied niedergeschlagen hatte: „Das Manifest der Kaiserin / es dachte nach den Deutschen hin. / Sie sollten pflanzen Brot und Wein / und sollten auch Kolonisten sein. / Wir verließen unser Vaterland / und zogen in das Russenland. / Die Russen waren uns sehr beneidt / und weil wir waren so lang befreit / so brachten sie's dahin mit List, / daß wir nicht mehr sein sollten Kolonist. / Ei keine Kolonisten sind wir mehr / und müssen tragen das Gewehr... Wir stammen aus dem Deutschen Reich / und jetzt sind wir den Russen gleich."

Die einen akzeptierten den Ruf zu den Waffen, wie es sich im sogenannten „Kaiserlied" spiegelte: „Der Kaiser ruft, wir müssen gehen / als Erstlinge von deutschem Blut. / So mag es denn mit Gott geschehen / mit deutschem Herz und deutschem Mut. / Drum lebet wohl, ihr lieben Freund' / die ihr so schmerzlich um uns weint."

Die anderen beantworteten den Wortbruch, hin und wieder auch nur die innere Rückständigkeit des Landes, mit der Auswanderung: „Hier in Rußland ist nicht zu leben /

Der Botschafter.
Erscheint zweimal wöchentlich.
Bezugspreis fürs Jahr für In- und Ausland mit Postversand 5 Rbl. Halbjährlich 3 Rbl. Monatlich 60 Kop. Adreßveränderung 30 Kop.
Anzeigen vor dem Text 20 Kop. nach dem Text 10 Kop. für die 6 mal gesp. Petitzeile oder deren Raum.

„Der Botschafter": Zeitungskopf einer in Taurien und auf der Krim vielgelesenen Publikation, 1909

weil wir müssen Soldaten geben / und als Ratnik (Landwehrmann – d. A.) müssen wir stehn / drum wolln wir aus Rußland gehn!“
Nachdem katholische und protestantische wolgadeutsche Kundschafter mit Präriegras und einer Handvoll Erde im Gepäck aus dem US-Staat Nebraska zurückgekommen waren, verließen jetzt Tausende von Deutschen das Land. Und wieder wies das Volkslied den Weg, wohin:
„Der Wagen steht schon vor der Tür, / mit Weib und Kindern ziehen wir. / Wir ziehen ins gelobte Land, / da findet man das Gold wie Sand. / Tralalla, tralalla / bald sind wir in Brasilia.“
Oder auch in Nordamerika, wo man in guter Tradition dann nach rußlanddeutschem Muster seine Ziele absteckte: Die Mennoniten gingen bevorzugt nach Minnesota, Süddakota und Kansas und ins kanadische Manitoba, Lutheraner nach Nebraska, Katholiken nach Kansas. Katholische Kolonisten aus Straßburg/Kutschurgan wohnten bald in Strasburg/Norddakota, evangelische Kolonisten aus Kulm und Leipzig in Bessarabien in Kulm oder New Leipzig in der amerikanischen Prärie. Als Mitbringsel hatten die Rußlanddeutschen einen winterfesten Weizen eingeführt, der sich in der Prärie akklimatisiert, dann genauso be-

Inserat mit der Titelseite des „Unterhaltungsblatts für deutsche Ansiedler im südlichen Rußland“, 1860

№ 8. 1860.

Unterhaltungsblatt für

Fünfzehnter Jahrgang.

Deutsche Ansiedler im südlichen Rußland.

Von diesem Blatte erscheint monatlich 1 Bogen mit den etwa nöth. Beilagen und Abbildungen. Der Preis eines Jahrganges von 12 Nummern ist 60 K. S. wofür jede № postfrei zugeschickt wird. — Das Geld kann durch jedes Gebiets- und Schulzenamt an die Fürsorge-Komität oder an den Redactor in Odessa befördert werden.

August.

Inhalt: Circular-Befehl. — Wann soll gesäet werden. — Methoden der Kälberaufzucht. — Eine neue Mäusefalle. — Zu „ein Stündchen in der Schule.“ (Schluß). — Eine Storchgeschichte. — Gedenktafel einer Dorfschule. — Monatserklärung. — Anzeigen und Bekanntmachungen. — Produktenpreise.

Unterhaltungsblatt

für deutsche Ansiedler im südlichen Rußland.

Dieses Blatt, wovon monatlich ein Bogen nebst etwa nöthigen Beilagen und Abbildungen erscheint, enthält in einer leicht verständlichen Sprachweise Nützliches, Belehrendes und Unterhaltendes für Land- und Hauswirthschaft, Gewerbe, Erziehung, und Sitte, für Jung und Alt. Der Preis eines Jahrganges, von 12 Nummern ist 60 Kop. S., wofür jede Nummer postfrei zugeschickt wird. Wer das Unterhaltungsblatt mit dem Wirthschafts-Kalender zusammenbestellt, zahlt für Beides 70 Kop. S. Einzeln kostet der Kalender 20 K. S.

Das Geld nebst deutlicher Angabe des Namens und Wohnorts des Bestellers kann an das nächste Gebiets- oder Schulzenamt in den deutschen Kolonien, oder an die Fürsorge-Komität in Odessa, oder an den Redaktor Schwamberg daselbst, eingeschickt werden.

Deutscher Bauer bei der Urbarmachung seines Landes im Süden Rußlands

währte wie einst in der Steppe. 1920 wurden in den USA bereits über 300 000 Rußlanddeutsche gezählt, 120 000 davon waren an der Wolga geboren.
1880 wird mit Brüdertal in Sta. Catharina/Brasilien die erste rußlanddeutsche Kolonie angelegt. „Teuto-Russos" gründen dann mit Marienthal, Johannisdorf oder Lago rein katholische wolgadeutsche Kolonien, Protestanten Ponta Grosse. In Argentinien siedeln sich Bauern aus Marienthal und Köhler an der Wolga in Valle Maria (deutsch Mariental) und wiederum Köhler in der Provinz Entre Rios an.
Nicht Deutschland, sondern überseeische Länder waren damit die bevorzugten Ziele der Kolonisten, die sich in Rußland an Steppe und Weite gewöhnt hatten, so wie sie sie jetzt besonders in den Prärien der Dakotas, in Kansas, Nebraska oder im kanadischen Manitoba wiederfinden sollten. Ein Grund war allerdings auch, daß die Rußlanddeutschen, die in der Emigration äußerst zäh an alten und uralten Bräuchen festgehalten hatten, bei den „Deutschländern" in der historischen Heimat als rückständig, schlicht komisch galten.

Generell gesehen waren in der zweiten Hälfte des 19. Jh., mit dem Aufkommen einer „deutschen Frage", zunehmend schlechtere Zeiten für die Deutschen in Rußland angebrochen. Einst feierlich zugesicherte Privilegien waren aufgehoben, die Eigenverwaltung abgeschafft, die Schule – Zierde jeder deutschen Siedlung – russifiziert. Und draußen auf dem Land hieß das deutsche Mannheim plötzlich auch noch Baraboj, Alexanderhilf Alexejewka oder Güldendorf Kutusowo. Russifiziert war selbst noch die in „Stepnaja poroda" umbenannte „Krassnaja nemezkaja poroda", die legendäre deutsche rote Kuh. Die Kolonisten standen alleine, konnten zu keinem Zeitpunkt auf eine Intervention zu ihren Gunsten hoffen. Ein als eisern bekannter Bismarck war der Auffassung, daß „wer sein Vaterland verläßt nicht verlangen darf, daß es Anstrengungen mache, ihn zu beschützen". Die Reichsregierung in Berlin hatte ihren Botschafter in St. Petersburg angewiesen, nichts dagegen zu unternehmen, falls deutsche Untertanen unter den Kolonisten gezwungen würden, die russische Staatsbürgerschaft anzunehmen oder das Land zu verlassen.

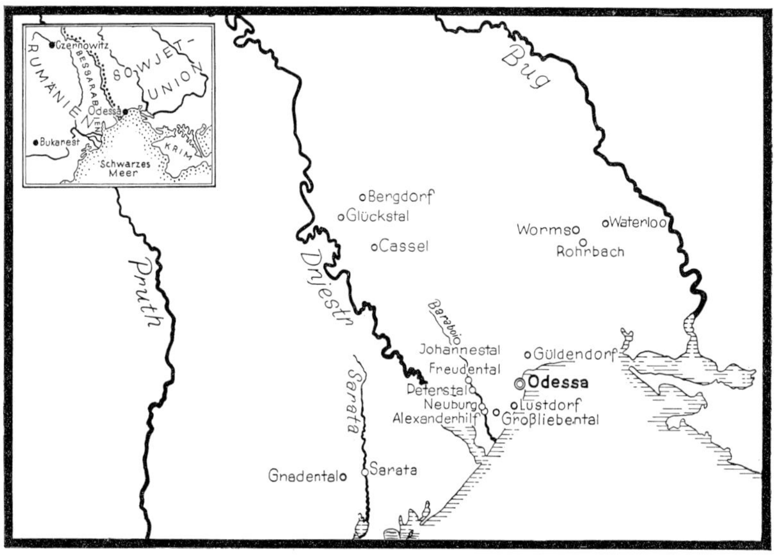

Umgeben von einem Kranz deutscher Siedlungen: Odessa am Schwarzen Meer

Die bewußte Politik der Russifizierung, der Druck des großrussischen Nationalismus bzw. Panslavismus zeigte Erfolge, zunächst bei der Intelligenz, die sich ihre Bildung in russischen Lehranstalten suchen mußte. Zusätzlich erfolgte ein starker Assimilierungsprozeß dort, wo Einwanderer außerhalb geschlossener deutscher Siedlungen lebten, in den Städten, wo es sich an gesellschaftlichen und politischen Normen Rußlands auszurichten galt oder dort, wo es zu Mischehen kam. Auch die aktive wie passive Einordnung in die orthodoxe Kirche war dann keine Ausnahme, wobei der Übertritt in die Landeskirche weiterhin einem bewußten Bruch mit dem Deutschtum gleichkam. Für die breite Masse der Kolonisten, die jetzt dreisprachig war, russisch, deutsch und einen Dialekt sprach, traf ihr ureigenes Spottverschen dann schnell zu: „Ich kann net rußsch, ich kann net deutsch", da sie keine der Sprachen richtig beherrschte. Rußlands Deutsche hatten zu diesem Zeitpunkt praktisch keine innere Bindung mehr zum deutschen Kernland, wohl aber zur deutschen Sprache, zu Brauchtum und Kultur als integraler, umfassender Synthese.

Wer unter den Rußlanddeutschen wandern wollte, ging allerdings nicht nur gen Westen, ins Ausland. Lange hatten die deutschen Siedlungen – rund 300 Mutterkolonien auf Neu- und Niemandsland (104 an Wolga, 13 um Petersburg, 181 im Schwarzmeergebiet mit Bessarabien und Südkaukasus) – keine großen Kontakte zueinander gehabt, sich weitgehend unabhängig voneinander entwickelt. Gemeinsam war ihnen jedoch das Problem der Übervölkerung in den europäischen Gouvernements des Reiches, einmal aufgrund der Aufhebung der Leibeigenschaft der (russischen) Bauern, daneben auch wegen des enormen Kinderreichtums, der weit über dem des Staatsvolkes lag. So kam es Mitte des 19. Jh. zur Weiterwanderung der Kolonisten aus den Altkolonien. Neue Siedlungen wurden in Baschkirien, im Orenburgischen, in West- und Ostsibirien und in Mittelasien angelegt, damit dort, wo Land noch billig zu haben war. Während man etwa im Schwarzmeergebiet um das Jahr 1900 pro Deßj. schon 130 Rubel zahlen mußte, kostete sie in Sibirien nur 15 bis 20 Rubel. Und das bei größeren Ernteerträgen als im europäischen Rußland. Zum gleichen Zeitpunkt, als sich deutsche Auswanderer in Nordamerika zum Aufbruch in den Westen rüsteten, zogen Rußlands Deutsche nach Osten weiter.

Unter den Ziehenden befand sich auch eine größere Gruppe sogenannter Chiliasten besonders aus deutschen Siedlungen der Gouvernements Taurien und Samara, die von apokalyptischen Vorahnungen getrieben ihr Heil im Osten, am Rande des großen Reiches sahen. Ihre Hoffnung lag im Anbruch des Tausendjährigen Gottesreiches, das den Untergang des für sie rundherum sündhaften europäischen Teils Rußlands besiegeln würde. Doch was untergehen sollte, war die alte Lebensweise der Rußlanddeutschen.

Erst gerufen – dann verbannt

I

An der Wende des Jahrhunderts lagen die Deutschen unter den Nationalitäten nach Russen, Ukrainern, Polen, Juden, Belorussen, Kasachen, Tataren und Finnen an 9. Stelle. In Stadt und Land hatte man seine Vereinigungen wie den Bildungsverein, den Deutschen ärztlichen Verein, den Handwerker- und Sportverein „Die Palme", die Studentenvereinigung Revania in St. Petersburg. Daneben gab es Sängervereine, Theatergruppen, Waisenkassen, Wohlfahrtsvereine, Kameradschaften, Schulvereine, Musikantengruppen, Übersiedlungskassen, Kirchengemeinden, Burschenschaften, Hilfs- und Lehrervereine oder schlicht Deutsche Vereine zur Pflege kultureller und gesellschaftlicher Belange, zur Förderung des geistigen Lebens oder nur „des deutschen Innenlebens". Natürlich fehlten auch die Vereinigungen mit politischen oder nationalen Zielen wie die 1905 gegründete Rigaer Deutsche Sozialdemokratische Arbeiterorganisation, der Südrussische Deutsche Verein und Ortsgruppen des Alldeutschen Verbandes nicht. 162 deutschsprachige Zeitungen erschienen, 10 Verlage versorgten den deutschen Büchermarkt, das Theater in deutscher Sprache war eine Selbstverständlichkeit. Die deutschen Kirchenschulen von Moskau, Rostow, Tiflis, Odessa oder Charkow standen im besten, St. Petri in St. Petersburg als „Schule der Sprachen, Künste und Wissenschaften" gar in internationalem Ruf. Nicht nur in jeder deutschen Siedlung, auch in fast allen größeren Städten gab es deutsche Kirchen, für die allerdings im orthodoxen Rußland – die Herrnhuter einmal ausgenommen – ein strenges Missionsverbot bestand.

Das Deutschtum in Rußland – ausgenommen das Baltikum – besaß weiterhin einen einseitig bäuerlichen Charakter, wenn auch nicht zu übersehen war, daß die Deutschen in den Städten – unter ihnen die eigentlichen Pioniere der Einwanderung – bis in das 20. Jahrhundert hinein eine durchaus beachtliche Rolle spielten. Allerdings entstanden dadurch keine „deutschen Städte" wie im Baltikum (Riga, Reval, Dorpat) oder in Rumänien (Hermanstadt, Kronstadt).

War in Moskau das Deutschtum bereits unter Iwan dem Schrecklichen verhältnismäßig stark vertreten, hatte sich sein Einfluß mit der Thronbesteigung Peters des Großen erheblich gemehrt. Den „Inakjomysljaschtschij" oder „andersgläubigen" Deutschen war zusammen mit übrigen Ausländern ursprünglich eine eigene Nemezkaja Sloboda (Deutsche Vorstadt) zugewiesen worden, die um 1500 genannt und dann gegen Mitte des 17. Jh. nach Protesten der orthodoxen Umgebung aufgelöst wurde. Es kam zur Umsiedlung an das linke Ufer des Flüßchens Jausa, außerhalb der damaligen Stadtgrenze (heute Baumannbezirk). Dort soll Peter von deutschen Beratern, Freunden und Zechkumpanen wichtige Impulse für seine spätere Reformpolitik erhalten haben. Das Leben in der Sloboda war in jenen Tagen so stark deutsch ausgerichtet, daß der holländische Zeitzeuge van Keller notierte, es sei hier „vorzüglich für den Handel notwendig, die deutsche Sprache zu kennen, so daß selbst die Engländer und Holländer dieselbe zu erlernen sich genötigt sehen".

Eine Reihe von Deutschen aus der Vorstadt folgte dem Herrscher in die neue Residenz St. Petersburg. Das deutsche Leben in Moskau ging indessen weiter, verlagerte sich jedoch von der Sloboda mehr in Richtung Innenstadt, in die Gegend um die Malorossejka (heute Bogdan-Chmelnizki-Straße). Nach Napoleons

„Solange es seine Sprache spricht, wird jedes Volk leben"
Schild in der Dorfschule von Alexandrowka bei Omsk/Sibirien

Seite 34, 35:

St. Petersburg um 1908: Blick auf einen Kai der Newa bei der Nikolaj-Brücke

Zar Alexander III. (1881–1894) und Zar Alexander II. (1855–1881) mit Großfürstin Maria und ihrem Gemahl, dem Herzog von Edinburgh (von links)

Feuersbrunst – das deutsche Viertel wird stark zerstört – verläuft man sich etwas in der Stadt.
1576 war auf dem Gorochowoje-Polje mit der St.-Michaels-Kirche das erste lutherische Gotteshaus errichtet worden, 1672 wird in Preobrashenskoje bei Moskau das erste feste Komödienhaus mit einem Stück in deutscher Sprache – „Die Wandlungen des Arkaxerxes“ von Gregorij – eingeweiht. 1675 macht das deutsche Viertel auf Besucher den Eindruck einer „großen, reich bevölkerten deutschen Stadt mit guten Häusern“. 1701 öffnet die erste Moskauer Apotheke ihre Pforten, die – inzwischen Städtische Apotheke Nr. 1 in der Aptekarskij pereulok – noch heute im Volksmund „die deutsche“ heißt. 1818 wird von Friedrich Wilhelm III. persönlich der Grundstein zur Peter-Pauls-Kirche in der Kosmodemjanski (heute Starosadski) gelegt, zu der die preußischen Könige das Patronat ausüben. 1990 beherbergt Peter-Paul ein Filmentwicklungskombinat.
Im Laufe der Jahre kommt es in Rußlands altehrwürdiger zweiter Hauptstadt zu einer Reihe beachtlicher deutscher Kultureinrichtungen. Es gibt dort u. a. einen Deutschen Klub in der Sofijka (ab 1819 – heute Puschetschnaja Straße), eine Knabenschule mit den Rechten eines Gymnasiums, eine höhere Mädchenschule, ein evangelisches Armenhaus und Krankenhaus, einen Jünglings- und Jungfrauenverein und die „Moskauer Deutsche Zeitung“. 1905 werden in der Stadt rund 20 000 Deutsche gezählt, die „typisch deutsche Berufe“ ausüben, darunter prominent Militärs, Apotheker, Ärzte, Wurstmacher, Bäcker, Lehrer oder Uhrmacher. Ihre großen Fabrikanten tragen Namen wie Ludwig, Dangler, Tauber, Ochsner oder Zindel. Deutsche Architekten haben das Stadtbild prägende Gebäude errichtet: den Großen Palast und die Rüstkammer des Kreml, den Petersburger Bahnhof (Konstantin Thon), das Kaufhaus ZUM, das Puschkin-Museum und das Staatliche Universal Magazin GUM am Roten Platz (Roman Klein) oder die Villen und Prunkhäuser von Franz Schechtel aus wolgadeutscher Familie. Vor Ausbruch des Weltkriegs sind das Hotel Berlin, das Restaurant Alpenrose oder das Nobelhaus Ermitage in Moskau ein Begriff. In der russischen Sprache haben sich Worte wie butterbrod, feldmarschall, pudel, bank,

chormeister, bollwerk oder kartoffel eingebürgert. Die Grabsteine auf dem Deutschen Friedhof (heute Wwedenskoje, Metrostation Semjonowskaja), darunter jener des „heiligen Doktors" Friedrich Joseph Haass, sprechen eine eigene Sprache.

Ein schwerer Schlag für das vorsowjetische städtische Deutschtum war dann jener 15. Mai des Jahres 1915, als es nach der Eroberung der Festung Przemysl durch deutsche Truppen zu schweren Ausschreitungen gegen die Deutschen, die größte nichtrussische ethnische Volksgruppe kommt. Während des „Moskauer Aufstands" wurden mehrere Deutsche erschlagen, über 700 Geschäfts- und Privathäuser demoliert, Millionenwerte vernichtet. In Moskau gehen Großunternehmen wie die berühmte Schokoladenfabrik Einem, die Papierfabrik Howard oder die Fabrik von Wogau & Co. in Flammen auf. Letztere galt zu ihrer Zeit als größter Privatbetrieb in Rußland. Tausende von russischen Arbeitern waren damit arbeitslos. 1918 wird aus Moskaus tradionsreicher Nemezkaja uliza, der Deutschen Straße, in der Puschkin geboren worden war, die Baumannskaja.

St. Petersburg (Petrograd, Leningrad) war früh eine multinationale Stadt. Noch um die Jahrhundertwende stellten die rund 75 000 Deutschen (russische Untertanen deutscher Herkunft und Reichsdeutsche) im „Venedig des Nordens" mehr als die Hälfte aller ausländischen Einwohner. Die Basilius-Insel war der von den Deutschen bevorzugte Stadtteil. Schon 1703 hatte es hier eine kleine evangelische Kirche gegeben: evangelisch, da die frühen russischen Herrscher fast ausschließlich Protestanten ins Land riefen, die man als ungefährlicher für die einheimische orthodoxe Staatskirche hielt als die Katholiken. Nur wenig später sprach man auch hier von einer „Nemezkaja Sloboda", einer Deutschen Vorstadt. Deutsche Firmen und Handelshäuser – die Deutsche Handelskammer wird erst mit Beginn des Ersten Weltkriegs geschlossen – werden führend. Die erste Zeitung Rußlands ist die 1727 gegründete deutschsprachige „St. Petersburger Zeitung", die rund 200 Jahre hindurch erscheint. Das Deutsche Hoftheater existiert von 1799 bis 1890.

Von besonderer Bedeutung waren St. Petersburgs deutsche Kirchen und Kirchenschulen, die zu Mittel- und Hochschulen, Gymnasien und Lyzeen heranwuchsen. Bildungszentren wie die ehrwürdige alma mater Petrika auf dem Nevskij-Prospekt, die St.-Petri- oder auch die St.-An-

Deutsche Siedlerfamilie in Neu-Saratowka, 1900

Das 1766 erbaute Bühlersche Haus in Neu-Saratowka, der ältesten deutschen Kolonie Nordrußlands

Deutsche reformierte Kirche in St. Petersburg vor dem Ersten Weltkrieg

nen-Schule (seit 1710 bzw. 1735) hatten einen so guten Ruf, daß dort selbst nach der Russifizierung unter Alexander III. die deutsche Sprache beibehalten werden durfte.

1914 zählte der Bezirk des deutschen evangelisch-lutherischen Generalkonsistoriums von St. Peterburg rund 120 Kirchen, darunter alt-ehrwürdig St. Petri (heute ein Schwimmbad), St. Katharinen, St. Anna (heute das Kino „Spartakus") und St. Michaelis in der Metropole selbst. Es gab eine ganze Reihe von wissenschaftlichen, künstlerischen und literarischen Vereinen und knapp 100 verschiedene Hilfs- und Betreuungseinrichtungen der Volksgruppe. Das Petersburger Deutschtum, dem niemand Charakter und Eigenart absprechen konnte, war mit der russischen Gesellschaft verbunden. Die Großzügigkeit der Weltstadt schützte vor provinzieller Enge und der Überhebung eines in sich abgeschlossenen nationalen Kreises.

1918, nachdem der Krieg den Deutschen hier übel mitgespielt hatte, versuchte der Leitartikler der „Blätter für deutsches Leben in St. Peters-

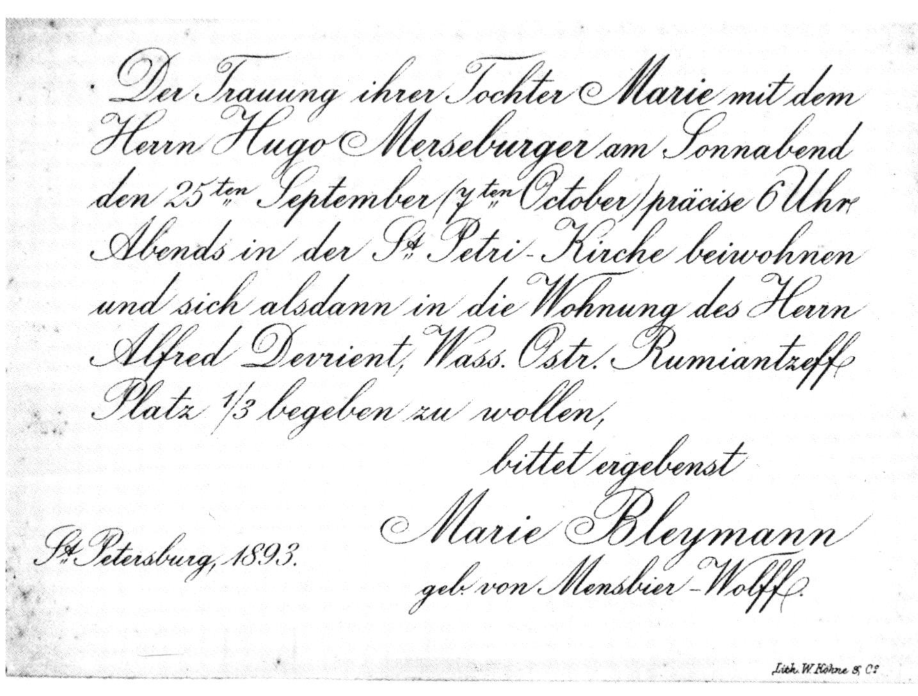

Der Trauung ihrer Tochter Marie mit dem Herrn Hugo Merseburger am Sonnabend den 25ten September (7ten October) präcise 6 Uhr Abends in der St. Petri-Kirche beiwohnen und sich alsdann in die Wohnung des Herrn Alfred Devrient, Wass. Ostr. Rumiantzeff Platz 1/3 begeben zu wollen,

bittet ergebenst

Marie Bleymann

geb. von Mensbier-Wolff.

St. Petersburg, 1893.

Lith. W. Köhne & C°

Einladung zur Trauung in der St. Petri-Kirche zu St. Petersburg, 1893

burg", Dr. Pantenius, zusammenzufassen:
„Das deutsche Leben in St. Petersburg, wie es sich seit Peter dem Großen entwickelte, manche Stürme überdauert und seit der Revolution von 1905/06 zu frischem Treiben sich emporgeschwungen hat, verdient im Gedächtnis der Nachkommen festgehalten zu werden. Es war ein eigenartiges nationales Gewächs im Garten der russischen Residenz und hat in dieser eine bedeutsamere Rolle gespielt als die französische Kolonie in Berlin. Nur fehlten uns die schillernden Dichter, die die Berliner ‚Kolonie' in Willibald Alexis und Fontane zu ihrem eigenen Ruhme hervorgebracht hat. Das Petersburger Deutschtum war mit der russischen Gesellschaft aufs innigste verwachsen, von den höchsten Kreisen des Hofes an bis in die des Handwerks und der Fabriken. Seine schlimmste Schwäche war die Neigung zur Auflösung im russisch-internationalen Geiste der Residenz. Und dennoch hat es sich erhalten und seine Daseinsberechtigung erwiesen."

Neben Moskau und St. Petersburg konzentrierte sich das städtische Deutschtum zuerst auf Zentren wie Saratow, Tiflis, Baku und Odessa. Die Hauptstraße von Saratow an der Wolga (1905: 20000 Deutsche) hieß „Nemezkaja", Deutsche Straße. In der Stadt erschienen die „Saratower Deutsche Zeitung", das Sprachrohr der Wolgadeutschen, das Kirchenblatt „Der Morgenstern" und weitere religiöse Blätter. Im Priesterseminar der Diözese Tiraspol besaßen die Katholiken hier eine hervorragende Lehranstalt.
Eine bedeutende Rolle spielte Odessa am Schwarzen Meer (1905: 12000 Deutsche), im westlichen Teil des Gouvernements Cherson. Odessa, vor den Siedlungsunternehmen Katharinas und Alexanders eine kleine türkische Festung, dann ein unscheinbarer Fischerort, war zur Handels- und Vielvölkerstadt von Weltruf aufgestiegen, gleichzeitig Zentrum der deutschen Kolonien Südrußlands. Für den Aufschwung sorgte besonders die Weizenausfuhr nach Europa, wobei als Hauptlieferanten die umliegenden deutschen

Moskaus Deutsche Mädchenschule in der Pokrowka Straße, vor 1914

Moskau: Palais der Kaufmannsfamilie Knoop, die für ihre Verdienste um die russische Industrie in den Baronenstand erhoben wurde, vor 1914

Kolonien galten. Odessas Handwerk – 1804 von Schwaben aufgezogen – war weitgerühmt, die Hauptstraße der Stadt dann auch die „Remeslennaja", die Handwerkerstraße.

Zum geistigen Mittelpunkt Odessas wurde das Stadtquartal „Lutherischer Hof" mit der evangelischen Kirche, der St.-Paul-Realschule, einem Waisen- und Pfründhaus (Altersheim), einer höheren Knaben- und einer Mädchenschule. Vor dem Ersten Weltkrieg gab es hier noch rund 200 deutsche Geschäfte. Die lokale Firma J. Höhn war der größte Pflugfabrikant Südrußlands. Die Aschauers hatten ihre Reitschule, die Beckels und Buffes ihre Druckereien, ein Willi Elsäßer betrieb das Hotel „Europa", die Königs einen „Einkehrhof". Bier floß aus den Brauereien der Gebrüder Durian und A. und R. Kempe, die Brötchen kaufte man bei Götting, Liemann oder den Mosers. Die „Odessaer Zeitung" erschien von 1863 bis 1915 als Organ des Deutschtums in Stadt und Kolonien.

Und um Odessa gruppierten sich Ortschaften mit Erinnerungsnamen wie Baden, Klein-Karlsruhe, Klein-Rastatt, Neu-Württemberg, München, Neu-München, Elsaß, Neu-Straßburg oder Emmental: Odessa galt somit als eine weitgehend „deutsche" Stadt mit einem „deutschen" Hinterland...

Bei weitem nicht mit der gleichen Bedeutung, doch schwer zu übersehen war daneben das Deutschtum in den übrigen Städten. Als Beispiel unter vielen konnte Kasanj an der Mündung der Kasanka in die Wolga gelten (ab 1920 Hauptstadt der Tatarischen Sowjetrepublik). Bereits Ende des 16. Jh. hatten sich hier Deutsche festgesetzt, die vom evangelischen Prediger zu Moskau betreut wurden. Unter Peter dem Großen wurde die Stadt Sitz der Admiralität der Kaspischen Flotte und Hauptsitz der Bekleidungsmanufakturen für das Heer, mit zahlreichen Deutschen in verantwortungsvollen Positionen. Aus dem Kreise des deutschen Handwerks ging allmählich ein reiches Bürgertum hervor. Die Führung Kasanjs lag häufig in deutscher Hand, deutsche Pädagogen schufen hier die Grundlagen für ein

Bildungswesen Ost-Rußlands, Deutsche warfen als russische Befehlshaber zahlreiche Aufstände im Wolga-Kama-Gebiet nieder, aus dem die meisten russischen Revolutionäre stammten. Besonders gefährlich war dabei der Ansturm Pugatschews. Der „falsche Peter III." ließ Kasanj 1774 mit der Losung plündern, alle deutsch Gekleideten zu ermorden, bis ihm der Livländer General von Michelson das blutige Handwerk legte. Bei der Eröffnung der 1804 eingerichteten Universität waren unter 18 Professoren 15 Deutsche. Ein Johann Bartels legte hier den Grundstein zur russischen Mathematik, die einmal Weltgeltung erhalten sollte, der Naturforscher Fuchs wies auf die Bedeutung der Bodenschätze des Urals hin. Aus Kasanj stammte der deutsche Tischlersohn und Berufsrevolutionär Nikolai Baumann, der zusammen mit Lenin ins Ausland flüchtete und an der Herausgabe der „Iskra" arbeitete. Mit dem Einzug der Bolschewisten und der Verstaatlichung der St.-Katharinen-Kirche der deutschen evangelischen Gemeinde verließ das einst so wohlhabende deutsche Bürgertum Kasanj. Das städtische Deutschtum als zeitweise privilegierte Gruppe hatte unter Peter dem Großen in Moskau, danach – die baltischen Städte ausgenommen – in St. Petersburg, in Saratow, Odessa, Tiflis oder Baku eine kulturelle und wirtschaftliche Blüte erlebt. Mit dem Ersten Weltkrieg, der Revolution, der immer stärker werdenden Militanz der kommunistischen Ideologie, begann sein Ausstieg aus der Geschichte.

II

Für die meisten Kolonisten war Rußland trotz aller Rückschläge Heimat geworden. Nicht daß man Deutschland rundherum vergessen hätte, doch die Siedler empfanden weitgehend wie der Bessarabiendeutsche Christian Idler:
„Graue Nebelwolken fliehen / nordwärts hin gen Deutschlands Gauen. / Gerne mit ich möchte ziehen, / um der Väter Land zu schauen! / Einen Tag nur möcht ich weilen / in den heil'gen deutschen Landen, / still dann wieder hierher eilen, / wo ein Heim die Ahnen fanden. / Doch um-

Das Restaurant „Ermitage", in dem Moskaus wohlhabende Deutsche ihre Feste feierten, vor 1914

Zar Nikolaus II. (1894–1917), verheiratet mit Alice von Hessen

sonst schlag ich die Zeit hier tot, / längst sind schon die Wolken fort, / drüben glänzet schon das Abendrot, / und ich sitz halt noch am selben Ort."

Die Siedler liebten Rußland, waren vom politischen Gefühl her erst Russen und dann Deutsche, wie es Hermann Heese schon Mitte des 19. Jh. charakterisiert hatte: „Ja, Rußlands Söhne sind wir. / Kraftdurchdrungen / Entsproß dem Ruhm der Slaven alt Geschlecht. / Die Herzen hält das Vaterland umschlungen, / des Kaisers Wort ist uns Gesetz und Recht."

Doch Rußland traute seinen Deutschen diese Liebe nicht zu. Örtliche Administrationen waren zwar durchaus an starken deutschen Bauernwirtschaften interessiert, konnten jedoch um die Jahrhundertwende die generell deutschfeindliche Politik des Hauses Romanow und die wachsende Konkurrenz des deutschen Ackerbaukapitals zum russischen nicht übersehen. Aufgrund immer neuer Hindernisse, die vielen Deutschen in den Weg gelegt wurden – ab 1903 war ihnen die Neuansiedlung auf dem Gebiet Turkestans verboten (heute die Südgebiete Kasachstans und vier mittelasiatische Republiken) –, kam es zu einer erneuten Massenauswanderung aus dem Wolgagebiet und dem Süden Rußlands in die USA, nach Kanada und nach Südamerika. Alleine in den Jahren 1901 bis 1911 verließen 105 000 Rußlanddeutsche das Zarenreich.

Der Reichsdeutsche Hans Friedrich Blunck, Passagier auf einem Auswandererschiff, schreibt: „Ja, fremdes Volk. Und klingt mir doch ins Blut. / Deutschrussisch Volk singt ein verwehtes Lied, / das wiegend mit dem Wind zum Südkreuz zieht, / ein altes Lied. Mir wird so schwer zumut, / als säng ich's selbst, spürt' meines Volkes Weh, / des unstet Irrenden. Wie's in mir zehrt! / Bruder, ich weiß, du suchst, was Gott dir wehrt, / ewiger Bauer: Land! Dumpf braust die See."

1905, während der ersten revolutionären Erhebung gegen den mit Alice von Hessen-Darmstadt verheirateten Zaren Nikolaus II., wurden aktive Revolutionäre mit deutschen Namen wie Aschenbrenner, Martens, Hartmann, Fischer, Schmidt oder Strauch aktenkundig. Dann auch Personen, die später „die blutigsten Henkersknechte der zaristischen Selbstherrschaft" genannt werden sollten wie Baron Kaulbar oder Baron Osten-Sacken. Die „Generalprobe der siegreichen Großen Sozialistischen Oktoberrevolution" (Lenin) verband eine Reihe von Rußlanddeutschen jetzt ebenso mit der Erosion des Hauses Romanow wie mit den „Proletariern aller Welt". Darunter jener Nikolai Baumann aus

Kasanj, der eng mit Lenin zusammenarbeitete, darunter Pjotr Schmidt, Befehlshaber der revolutionären Flotte. Die Ereignisse führten allerdings auch zu heftigen Reaktionen der deutschen Geistlichkeit gegen „die gottvergessene Bewegung“ der Linken.

Nach der Revolution von 1905, die den Kolonisten wieder gewisse Rechte brachte, wurden neue deutsche Vereine ins Leben gerufen. Die deutschsprachige Presse – etwa die „Kaukasische Post“ im Kaukasusgebiet, die „Volkszeitung“ in den Wolgakolonien, die „Bürgerzeitung“ im Dnjeprgebiet, die „Odessaer Zeitung“ oder die katholische „Deutsche Rundschau“ in den Schwarzmeerprovinzen, die „Sankt Petersburger Zeitung“ in der Hauptstadt oder die „Rigaer Bürgerzeitung“ im Baltikum – vertrat noch einmal mit Nachdruck die akuten Interessen der Volksgruppe.

1914, zum 200. Jubiläum der Wolgakolonien schrieb Rudolf Dirk freudig erregt, ganz im Sinne der nationalen Vergangenheit:

„Schwing im Glanz der Morgensonne, auf dich, stolzer Jubelsang, / künde Wolgaleid und -wonne laut die Lande weit entlang! / Kämpfe für errungne Güter, Wolgastrom, im Wettersturm! / Als des Rechts, der Ehre Hüter, unerschüttert rag – ein Turm: / Wolgawellen, Wolgastrand knüpfen fest der Liebe Band. / Wo die Väter zäh gerungen um der rauhen Scholle Preis / leistet, hunderttausend Zungen, heute eure Schwüre heiß. / Treu dem neuen Heimatlande, treu der Väter Sitt' und Art / reicht nach deutschem Brauch zum Pfande / euch die Hände schwielenhart: / Wolgawellen, Wolgastrand knüpfen fest der Liebe Band.“

Bei Ausbruch des Krieges leben die Rußlanddeutschen (das Baltikum ausgenommen) in rund 3300 geschlossenen Siedlungen und Kolonien, in rund 550 Einzelhöfen und in den Städten in einem Gebiet, das sich von Wolhynien bis Sibirien über rund 4000 km, von St. Petersburg bis in den Kaukasus über 2000 km erstreckt. Der Großteil von ihnen hat durch Zeit und Abstand vom Mutterland inzwischen längst kein Verhältnis mehr zu Deutschland als politischem Gebilde, wohl aber weiterhin zur deutschen Sprache und Kultur. Man bedauerte den Kriegszustand zwischen beiden Ländern, doch man fühlte sich uneingeschränkt als Untertan des Zaren und erfüllte seine staatsbürgerlichen Pflichten. So wurden in den deutschen Kolonien spontan russisch-patriotische Versammlungen aufgezogen. Das vom Dichter Platen einst mitbegründete Hussenbach an der Wolga sammelte 760 Schafspelze im Wert von je 20 Rubel, 450 Paar Filzstiefel, Wurst für 900 Rubel und Mehl im Wert von 1200 Rubel für die russi-

„Deutsches Leben in Rußland“, eine vom Zentralkomitee der Deutschen aus Rußland in Berlin herausgegebene Zeitschrift, 1927

Deutsches Leben in Rußland

Zeitschrift für die Kultur und Wirtschaft der Deutschen in Rußland

Leitung: Johannes Schleuning, Berlin-Neuenhagen (Ostb.)

Bezugsbedingungen:
Einzelheft 75 Pfennig
Bezugspreis für das Jahr: Deutschland und Deutsch-Österreich RM. 4.–, Ausland RM. 6.–
Zahlungen sind zu richten: An das Zentral-Komitee der Deutschen aus Rußland, Postscheckkonto Berlin 47873.
Aus dem Auslande: An das Zentral-Komitee, Berlin NW 52, Schloß Bellevue.
Wegen Anzeigen wende man sich ebenfalls an die Geschäftsstelle des Zentral-Komitees der Deutschen aus Rußland.

Nummer 7—8 September—Oktober 1927 5. Jahrgang

Hindenburg

Unvergeßliche Tage hat das deutsche Volkstum in der ganzen Welt in den Hindenburgtagen erlebt. Das 80jährige Jubiläum des deutschen Reichspräsidenten von Hindenburg hat den Deutschen in der ganzen Welt Gelegenheit gegeben, mit Dankbarkeit und Stolz sich ihres Deutschtums aufs neue bewußt zu werden; denn Hindenburg ist allen bewußt Deutschen das Symbol deutscher Pflichterfüllung, deutscher Treue und deutschen Heldentums. Dem 80jährigen Jubiläum ist die Einweihung des Tannenberg-Denkmals vorangegangen. Dort an der historischen Stelle, wo Hindenburg als Retter seines Volkes zum ersten Mal aufgetreten ist und eine der größten Schlachten aller Zeiten gewonnen hat, die seinen Ruhm in der Geschichte weiter tragen wird, hat der greise Heerführer als Repräsentant des gesamten Deutschtums Worte gesprochen, die in der ganzen Welt gehört wurden und mächtigen Widerhall gefunden haben. Den Feinden Deutschlands, die auf dem Märchen von der alleinigen Kriegsschuld Deutschlands ihre Verträge aufgebaut haben, waren diese Worte selbstverständlich unbequem; denn sie erinnerten sie zu sehr an ihre eigenen Verbrechen. Wie Hindenburg während des Krieges deutsche Lande durch das Schwert verteidigt hat, so verteidigt er Deutschland jetzt als Gewissen und Sprecher seines Volkes mit ehernen Worten, die in der Geschichte weiterleben und sich auswirken werden. „Wir sind reinen Herzens in diesen mählich bis zur Gluthitze anwachsen sahen. — Sie, die dann draußen die Mobilmachung der Feinde und endlich die furchtbare Deutschenhetze und die unmenschliche Behandlung der Feinde erfuhren, der Feinde, die das, was sie den Deutschen antaten, dadurch zu beschönigen und zu entschuldigen suchten, daß sie ähnliche Handlungen dem deutschen Militär andichteten und das Greuel- und Hunnenmärchen, das heute noch in vielen verwirrten Köpfen herumspukt, erfanden. Die begeisterten Huldigungen, die der Reichspräsident zu seinem 80. Geburtstag erfahren hat, sind gewiß auch zu einem großen Teil als Widerhall dieses Bekenntnisses zu der Reinheit der deutschen Sache zu betrachten. Einmütig waren besonders die Huldigungen des Auslandsdeutschtums; denn aus allen Teilen der Welt, wo immer Deutsche wohnen mögen, hat man dieses Tages mit Freude und Dank gedacht und die herzlichsten Wünsche für den greisen Führer des deutschen Volkes gehegt. Von besonderer Bedeutung ist es, daß die Deutschen in aller Welt mit Eifer und Fleiß gesammelt haben zur Hindenburgspende. Auch in den deutschen Zeitungen Amerikas, die von unseren Rußlanddeutschen gelesen werden, finden wir die Aufrufe zur Hindenburgspende und finden wir Namen unserer Landsleute mit namhaften Zeichnungen in den Zeichnungslisten.

Das Zentralkomitee der Deutschen aus Rußland hat dem Reichspräsidenten fol-

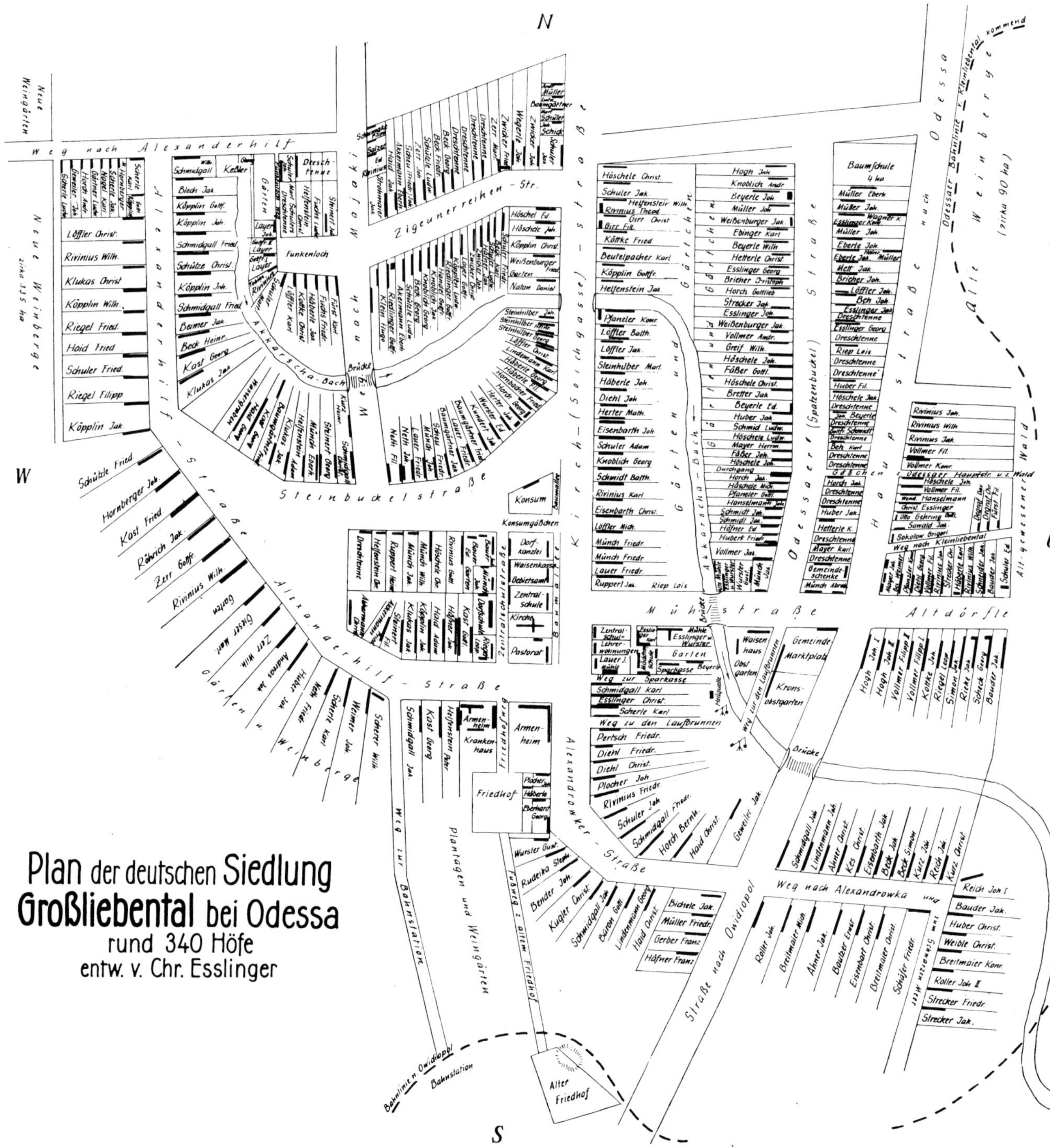

Plan der deutschen Siedlung
Großliebental bei Odessa
rund 340 Höfe
entw. v. Chr. Esslinger

sche Seite, auf der dann auch Hunderttausende von Rußlanddeutschen Schulter an Schulter mit anderen Völkerschaften kämpften. Die Mennoniten aus Chortitza übergaben dem russischen Roten Kreuz 100 000 Rubel, die deutschen Kolonien in Kaukasus brachten Fuhrwerke und Lebensmittel für rund 670 000 Rubel neben einer Geldspende von 75 000 Rubel auf, das „Komitee des Evangelischen Feldlazaretts in Moskau" kümmerte sich um Verwundete.

Der Befehlshaber auf russischer Seite in der Schlacht von Tannenberg war dann ein General Rennenkampff. Kommandeur der 5. Russischen Armee, die an der galizischen Front stand, war General von Plehwe. Rund 40 Kommandeure auf russischer Seite hatten deutsche Namen... typisch für die militärische Tradition Rußlands, typisch aber auch für die bunte Mischung des Vielvölkerstaates. In den deutschen Kirchen wurde für den Sieg der russischen Waffen gebetet. Die Mennoniten, denen der Dienst mit der Waffe verboten war, stellten alleine rund 14 000 Sanitäter. Und im Kaukasus sangen die deutschen Kolonisten:

„Warum ist denn die Falschheit / so groß in dieser Welt, / daß alle jungen Burschen / müssen zieh'n ins Feld. / Nach Tiflis marschieren / und lassen sich visitieren, / ob sie taugen, ob sie taugen, / ob sie taugen für das Feld. / Der Hauptmann steht draußen, / schaut seine Leute an: / ‚Seid nur lustig, seid nur fröhlich / greift nur herzhaft ihn an.' "

„Ihn" – das war der deutsche Feind der rußlandtreuen deutschen Kolonisten. Trotzdem brach unversehends ein Wutgeheul gegen die Volksgruppe aus. Was einst eingeladen und geachtet war, wurde jetzt schnell geächtet und verstoßen. Rußland führte – mit den Worten des Ministerpräsidenten Goremykin – einen Krieg „nicht nur gegen das Deutsche Reich, sondern gegen das Deutschtum schlechthin". Es kam zu Repressalien wie Sprachverboten und Enteignungsgesetzen, zu generellen Maßnahmen zur „Liquidierung der deutschen Vorherrschaft", was die Stimmung unter den Deutschen allmählich umschlagen ließ. In einem baltischen Gedicht aus den ersten Kriegsmonaten heißt es dann auch:

„Wir singen kein Lied, wir sprechen kein Wort / wir drücken uns stumm die Hand / und kämpfen uns staubige Wege fort, / wir – ohne Vaterland."

Der Baltendeutsche Christoph von Mickwitz schreibt: „Ihr wollt euch an uns für die Wunden rächen, / die euch gekostet dieser Waffengang, / und jedes deutschen Wortes kleinsten Klang / verfolgt ihr, wie ein sträfliches Verbrechen."

Zar Nikolaus II. ging es zuerst darum, entlang der Westgrenze einen Sicherheitsraum „frei von feindstaatlichen Volkszugehörigen" zu schaffen. Das gleiche Schicksal sollte dann auch die Wolga- und Schwarzmeerdeutschen, die Deutschen in den Städten und im Baltikum treffen. Doch enteignet wurden aufgrund des schnellen Vorstoßes des Gegners nur etwas mehr als 100 000 Wolhyniendeutsche und rund 40 000 Deutsche aus den Gouvernements Kiew, Tschernigow, Podolien und dem nördlichen Bessarabien, die man 1915 und 1916 in den Osten des Landes verschickte.

Der Kolonist Kitlitz notiert: „Niederschmetternd war die Kunde, / als es hieß: ‚Was deutsch ist, raus!' / Und in vierundzwanzig Stunden / mußten wir von Herd und Haus. / Da lief jeder hin und wieder / sinnenlos vor Angst und Schmerz, / alle Hoffnung lag darnieder, / allen brach da fast das Herz. / Manche Seufzer und Gebete / stiegen da empor zu Gott: / Ach, bewahre und errette / mich vom bösen, schnellen Tod..."

Als die Wolhyniendeutschen 1918

Gegenüberliegende Seite: Plan der Siedlung Großliebental bei Odessa, gegründet 1804

zurückkamen, war ihre Zahl auf rund 50000 gesunken. Einer von ihnen, ungeübt im Schreiben, doch getrieben durch das Erlebnis, brachte aus der Verbannung die Zeilen mit: „Geraubt hat uns der Feinde Neid / was Gott uns einst gegeben. / Mein Heimatland ist nun so weit / und schwer und hart das Leben. / Wir stehen, Gott, in deiner Hand / Du führst uns auf und nieder / Wolhynien, mein Heimatland, / wann sehe ich dich wieder?"
Ein anderer: „Die Begleiter Tod und Krankheit / traten hier noch stärker auf. / Und es wölbten sich in kurzer Zeit / sehr viel Grabeshügel auf. / Und auch ich muß darum klagen, / denn ein liebes, zartes Kind / mußt ich hier zu Grabe tragen. / Ach, es starb uns so geschwind..."
Rußlands „innere Deutschen" begrüßten den Sturz des Zaren, mit dem ein neuer Abschnitt ihrer Geschichte begann. Der „Arbeitsveteran" Peter Reimer aus Chortitza erinnert sich in seinem Buch „Wir waren auch dabei" (Verlag Kasachstan 1977), daß den meisten Deutschen in seinem Umfeld das weitere Schicksal der Romanows schlicht einerlei war. Ob im „Kottletlegäßle" zu Rastatt im Beresaner Gebiet, im „Hexagässle" zu Hoffnungstal bei Odessa oder am Karlsruher „Sauberg", überall regte sich die Hoffnung auf eine Mitgestaltung der sozialen, wirtschaftlichen und politischen Zukunft. Dies konnte nicht als Vorgriff auf die Überlegenheit der kommunistischen Idee gelten, sondern als Absage an das längst überholte Gesellschaftsbild und die deutschfeindliche Haltung des Zarenhofes. Es war allerdings auch kein Geheimnis, daß der 1917 im Wolgagebiet entstandene Verband der wolgadeutschen Sozialisten die bolschewistische Machtergreifung in den deutschen Kolonien vorbereitet und dann als ein wichtiger politischer Faktor beim Umsturz begleitet hatte.
Erstmals begannen sich die deutschen Kolonien nach außen zu öffnen. Georg Luft faßte zusammen: „Hart war der Kampf, oktoberhart / fest war der Armen Mut, oktoberfest. / Der Arme kostet Oktoberspeise, sie mundet ihm. / Er roch Oktoberluft, sie stärkte ihn..." Und noch war die

Deutsche Rückwanderer in Lichtenau, Molotschna. Juli 1924

Sprache der Internationale die Sprache von Marx und Engels.
Gleich nach der Februar-März-Revolution bildeten sich an Wolga, am Schwarzen Meer, im Kaukasus und Sibirien Komitees russischer Staatsbürger deutscher Nation, die – unter prinzipieller Anerkennung des Sowjetsystems – die Forderung nach Annulierung der zaristischen Liquidationsgesetze stellten, die Zulassung von Deutsch als Amtssprache in ihren Gauen und die Gleichstellung mit den anderen Völkern Rußlands forderten.
In unruhigen Zeiten begrüßten dann die Deutschen Südrußlands die Proklamation der Ukrainischen Volksrepublik, der ein Bündnis mit Deutschland und der Einmarsch deutscher und österreichisch-ungarischer Truppen folgten. Im Frühjahr 1918 fanden in Odessa für das Gouvernement Cherson und Bessarabien, in Byten für die Krim und in Prischib für die Gouvernements Taurien, Jakaterinoslaw, Charkow, Woronesch und das Dongebiet Kongresse der Deutschen statt. Beschlossen wurde, „den deutschen Kaiser und die deutsche Reichsregierung zu bitten, die deutschen Kolonisten und alle anderen deutschen Bewohner dieser Gebiete in den deutschen Reichsverband aufzunehmen und unter den Schutz der deutschen Gesetze zu stellen". Die Delegierten erklärten sich – wenn auch nicht einstimmig – bereit, alle mit der deutschen Staatsbürgerschaft verbundenen Pflichten zu tragen. Sie baten, „ihre und ihrer Vorfahren hundertjährige Kulturarbeit zu verwerten und aus dem Taurischen Gouvernement zusammen mit der Krim ein Deutschland unterstelltes Staatswesen zu bilden und sie als Vorposten und Pioniere Deutschlands hier zu belassen". Sollte dies nicht möglich sein, so empfahl man die Einleitung der Rückwanderung in das Mutterland unter deutschem Schutz.

Zusätzlich zeichneten die Kolonisten eine Kriegsanleihe über rund 60 Millionen Goldmark, die sie Berlin zur Verfügung stellten. Der Zusammenbruch des Deutschen Reiches und der Abzug der Mittelmächte aus der Ukraine machten Anleihe und Beschluß allerdings schnell wertlos. Zur Debatte stand jetzt kurzfristig der deutsche Beitrag zur Errichtung eines geplanten Freistaats in Südrußland unter englischem Schutz.

III

Im Bürgerkrieg lag das Wolgagebiet zwischen den Fronten der Roten wie der Weißen, im Kaukasus, in der Ukraine und in Sibirien wechselte das Kriegsglück beider Seiten. Bürgerkriegsparteien und Banden bedienten sich der Kolonien, zwängten Kolonisten in ihre Reihen. Ganze Dörfer wie Schaffhausen im Gouvernement Samara wurden eingeäschert, ihre Bevölkerung vernichtet. Das Kronauer Gebiet im Chersoner Kreis wurde wochenlang fast täglich überfallen, die Südukraine wechselte dreimal die Hand. Kriegskommunismus und Bandenterror schwächten die Kolonien bis zur Katastrophe. 1921 verhungerten in den Wolgakolonien Zehntausende von Menschen, rund 75 000 wanderten aus. In der Ukraine verstärkte der deutsche Selbstschutz – unter Beteiligung zahlreicher Mennoniten (!), die ihre traditionelle Wehrlosigkeit dafür aufgaben – die Weißen. Im Odessagebiet führte der Großliebentaler Johann Lauer eine deutsche Bürgerwehr mit über 3000 Mann, deren tapferer Widerstand gegen die roten Armeeverbände als „Deutscher Bauernaufstand" in die Geschichte einging. Das aus Wolgadeutschen bestehende deutsche Bataillon der 52. Division begann die Erstürmung der Landenge von Perekop dagegen mit dem Lied: „Wir ringen um das Recht, / die Sowjetmacht zu haben / und werden, falls nötig, / für unsere Re-

Denkmal für den „heiligen Doktor" Friedrich Joseph Haass vor einem Moskauer Krankenhaus

publik sterben." ... Wer auf der Seite der Weißen gekämpft hatte, konnte nach dem Sieg der Bolschewisten mit schlimmsten Repressalien rechnen.

Am 10. Oktober 1918 hatte in Seelmann der 2. Sowjetkongreß der Wolgadeutschen getagt, auf dem das von Lenin unterzeichnete „Dekret über die Autonomie des Gebiets der Wolgadeutschen" bekanntgegeben worden war. Diese ASSRdWD gekürzelte Autonome Sozialistische Sowjetrepublik der Wolgadeutschen war nach der Gründung im Jahre 1924 dann ein staatliches Gebilde, ein Zusammenschluß von Orten, in denen die deutschen Kolonisten des mittleren Wolgagebiets – ein Viertel der Deutschen in Rußland – wohnten. Trotzdem repräsentierte das Gebiet ein verblüffendes Gemisch von Sprachen und Völkerschaften, Zeiten und Kulturen. Hier an der Wolga, dann auch in einer Reihe nationaler deutscher Rayons (Landkreise) in der Ukraine, auf der Krim, in Georgien, Aserbaidschan und in der Region Altai, konnten sich die Deutschen jetzt ihr kulturelles Leben einrichten, die Muttersprache wieder in Schulen, Administration und bei Gericht verwenden, da das Sowjetsystem bestrebt war, die Minderheiten zu fördern. In der alten Hauptstadt St. Petersburg wurde 1923 wieder ein Deutscher Verein gegründet, die berühmte St.-Petri-Schule öffnete noch einmal ihre Pforten. Nach der Oktoberrevolution erschienen in der Sowjetunion immerhin 162 deutsche Zeitungen, arbeiteten 10 deutsche Verlage, gab es Theater, Rundfunk und zwei Universitäten der Volksgruppe. Tatsächlich kam jetzt kaum ein anderes Land der Welt seinen nationalen Minderheiten ähnlich großzügig entgegen wie Sowjetrußland. Kein Wunder so auch, wenn Gerhard Sawatzky freudig erregt daraus schloß:

„Das Rote glänzt freudig in taghellem Schein, / der weiter stets leuchtet, sich höher stets hebt. / Der schaffende Mensch schafft ein besseres Sein / was Lenin uns lehrt, das wächst, denn es lebt."

Wladimir Iljitsch Uljanow, Parteiname Lenin, der „lehrte was wächst", war Enkel der rußlanddeutschen Großmutter Anna Blank, geb. Großschopf. Lenins Marxismus konnte als Mitsieger des Zweiten Weltkriegs gelten.

Schnell erfolgte mit der Trennung von Kirche, Staat und Schule ein tiefer Einschnitt in die bisherige Bildungs- und Kulturarbeit der Kirchenschulwesen, ganz generell in die kirchliche Tradition der Deutschen. Trotzdem konnte die Schule – seit dem Tag der Einwanderung ein Eckpfeiler zur Erhaltung des Deutschtums – weiter ausgebaut werden. Das Fachschulwesen erhielt einen Aufschwung, in Engels (Wolga) und Odessa entstanden zwei deutsche Pädagogische Institute.

In der alten Heimat ließ die Aussicht auf einen russischen Idealstaat die Herzen deutscher Kommunisten besonders in Sachsen und Ostpreußen höherschlagen. Die Vorstellung, die Sowjetunion mit ihren weiten, leeren Flächen könnte sich – ähnlich wie das Rußland des 18. und 19. Jh. – noch einmal deutschen Kolonisten öffnen, wurde hochgespielt. Das gelobte, genossenschaftlich genutzte Land für deutsche Bauern sollte in den nordrussischen Gouvernements Wologda und Wjatka liegen. Für Industriearbeiter war in Kolomna, südöstlich von Moskau, eine Arbeitsgruppe mit deutschen Immigranten geplant. Doch beide Projekte schlugen fehl, die Einwanderer verliefen sich in Leningrad und in der Gegend um Moskau. Ein neuer Plan, Bauern aus Deutschland in die Wolgagouvernements Samara, Saratow sowie ins Dongebiet zu ziehen, scheiterte, da Immigranten die genossenschaftliche Organisation in Gruppen von

Moskau: Hotel und Restaurant Berlin, vor 1914

30 bis 60 Familien vorgeschrieben wurde, der deutsche Bauer jedoch mit der Vorstellung auswanderte, eigenen Grund und Boden zu erwerben.
Der Ausgang des Krieges hatte das Baltikum von Rußland getrennt, dazu einen Teil Wolhyniens und Bessarabien. Und neue Stürme rasten über das Land. Nach Banden- und Bürgerkrieg lichteten 1921/22 und 1932/33 schwere Hungerjahre die deutsche Bevölkerung. Die gnadenlosen stalinschen Säuberungen zwischen 1936 und 1939 folgten. Unter dem unheilvollen Stichwort Entkulakisierung – und fast jeder deutsche Bauer war ein „Kulak", damit ein „Volksschädling" – kam es anhand von Lehrsätzen der marxistischen Analyse des Industrie-Kapitalismus zur Umgestaltung der Landwirtschaft in eine sozialistische Monokultur. Die Kosten der Industrialisierung hatten rund 20 Millionen Bauern zu tragen. Schnell schmolz damit auch der einstige Wohlstand der Deutschen dahin, schwer waren die Bodenverluste durch die sowjetischen Agrargesetze: das Land wurde verstaatlicht, der bisher freie Bauer arbeitete im Kollektiv, das ihm innerlich wie äußerlich wesensfremd war, das zeitweise sogar Kuh, Ziege und Huhn „kollektivierte".
Eine Begleiterscheinung davon war die Auflösung der alten Dorfstruktur, des Zusammenhalts innerhalb der deutschen Gemeinden und die Vernichtung der „Intelligenz", vom Pfarrer über den Lehrer zum Arzt und Beamten. Was folgte war die Nomadisierung eines Volkes. Bis zum Beginn des Zweiten Weltkriegs waren zwischen 400 und 500 000 Deutsche ums Leben gekommen, war knapp ein Drittel aller deutschen Familien ohne männliches Familienoberhaupt (eine Aufschlüsselung in Deutsche, Österreicher oder Schweizer galt in Rußland nie als üblich).
Da das religiöse Leben die volkliche Identität immer stark beeinflußt hatte, in gewisser Sicht als Anker und Kraftquelle für das Volkstum gelten konnte, war die Zerschlagung der Kirche systematisch betrieben worden. Die rußlanddeutschen Siedler – ob Katholiken, Lutheraner, Reformierte oder Mennoniten – galten als tief religiös, ohne den Rückhalt durch Glauben und Kirche wäre die Aussicht auf ein Überleben als Volksgruppe minimal gewesen. Im Kampf gegen den großen Gegner Kirche war den neuen Machthabern dann auch jedes Mittel recht. In vielen Gegenden wurden Pfarr-, Bet- und Gotteshäuser den Gemeinden

*Josif Wissarionowitsch Stalin (*1879 †1953)*

entzogen, die Jugend zur Ablehnung des christlichen Glaubens erzogen. Durch die Einführung der ununterbrochenen Arbeitswoche waren Sonn- und Feiertage entwürdigt. Das Petersburger Predigerseminar, die einzige Ausbildungsstätte evangelischer Geistlicher in der Sowjetunion, hatte schon 1925 die Arbeit eingestellt. Ein paar Jahre später befanden sich noch 83 evangelische Geistliche im Land (gegenüber 230 im Jahre 1914). 49 von ihnen waren verbannt, 26 weiteren die Ausübung ihrer Amtspflichten verboten.

Die deutschsprachige Presse in der Sowjetunion ist gleichgeschaltet. Gemäß dem Diktat ihrer Zeit heißen die Zeitungen jetzt „Rote Sturmfahne" (Marxstadt), „Lenins Weg" (Balzer), „Kollektivist" (Seelmann), „Die rote Jugend" (Wolga) oder „Bolschewik" (Kamenka).

Alexander Heinz schreibt ganz im Sinne der bolschewistischen Umerziehung: „Das Herz der Weltrevolution pocht / Proleten: Chinesen, Japaner und Russen / Franzosen und Deutsche, Neger, Kirgisen / senden sich heute den Proletenkampfgruß- / Krieg dem imperialistischen Kriege!"

1929 unternehmen die Deutschen einen verzweifelten Versuch, dem drohenden Untergang durch eine mächtige Demonstration zu entgehen. Rund 14 000 Kolonisten ziehen nach Moskau, um die Erlaubnis zur Auswanderung zu erlangen, 8000 von ihnen werden zwangsweise in ihre Dörfer zurückgeführt. Den übrigen gelingt die Ausreise. Ein Jahr später beginnt die Massenverbannung der für die Kollektive ungeeigneten „prokljatyje Kulaki" in die Urwälder des Nordens.

1941, der Beginn des Großen Vaterländischen Krieges, macht die Rußlanddeutschen dann nocheinmal zum großen „inneren Feind" ihres Gastlandes. Man beschuldigt sie der Kollaboration mit dem Feind, was schließlich zur totalen Deportation führt. Zuerst wird das Schwarzmeergebiet „gesäubert", am 28. 08. 1941 dann die mit so großen Hoffnungen aufgebaute Republik der Wolgadeutschen aufgelöst. Eine Kultur, die bereit gewesen war, Rußland zu dienen, war vernichtet. Die Rußlanddeutschen waren nach freiwilligen wie unfreiwilligen Wanderungen endgültig zum „Wandervolk", zum Volk ohne Heimat geworden. Woldemar Herdt sollte sich später erinnern: „Der Morgen graut. Die Pferde traben, / das Lied der Räder weiter klingt. / Der Fuhrmann sitzt betrübt im Wagen / sinnt nach, was ihm der Morgen bringt. / Sein Weib, gelehnt an schlappe Bündel, / wiegt ihren Säugling auf dem Schoß, / im Wagen schlummern noch vier Kinder, / sie ahnen nichts von ihrem Los... ‚Spione' sagte Vetter Sander / ‚Ihr Leit, wer hot denn die gesehn? / Un aber tausend Diversante / des kann ich alles net verstehn. / Wo soll der Unrot sich verstecke? / Ein jedes Dorf saa Leit doch kennt, / die Teifelsbrut müßt doch verrecke, / die Kreizgewittersackerment!' ...So sprach man, krittelte mit Galle / das ungerecht gedruckte Wort. / Dann hieß es ‚Auf die Barken alle!' / Die Wolgadeutschen mußten fort."

Der Dnjepr, der „Nippa", war zur Schicksalsgrenze geworden. Wer westlich davon lebte, kam durch den schnellen Vormarsch der deutschen Truppen unter den Schutz des Deutschen Reiches, wer östlich davon von der Sowjetmacht erreicht werden konnte, wurde als „Hitlerischer" in Schüben nach Osten abtransportiert und in Mittelasien oder Sibirien in Arbeitslagern wie Kara-Kengit (Schwarzer Krummer), Karsakpai (Menge Schnee) oder Sarysu (Gelbes Wasser) festgesetzt. Die Anschuldigungen lauteten auf Zusammenarbeit mit Hitler-Deutschland, auf Spionage, auf den Verdacht, ein Propagandist für eine auswärtige Macht zu sein oder ging nur dahin, verbotene

Literatur verbreitet zu haben... kollektive Anschuldigungen, die der Oberste Sowjet erst 1964 widerrief. Deutsche Männer und Frauen im Alter zwischen 15 und 60 sollten selbst noch ein Jahrzehnt nach Beendigung des Zweiten Weltkriegs unter Spezialkommandaturen die Reihen der sogenannten Trudarmija, der Arbeitsarmee füllen, waren Opfer der härtesten physischen Ausbeutung neben jeder Art von Repressalien. Hunderttausende gingen daran zugrunde. Rund 250000 Rußlanddeutsche, die während der Kriegszeit nach Deutschland übergesiedelt oder geflüchtet waren, wurden nach Kriegsende zwangsweise zurück in die Sowjetunion gebracht. Ein ähnliches Schicksal traf andere Völkerschaften im Vielvölkerstaat Sowjetunion, die Deutschen waren nur die ersten Opfer der Massenverschleppung, dadurch im negativen Sinn zu einem auserwählten Volk geworden.

Was auf Krieg und Deportation folgte, waren die Jahre des großen Schweigens, der aufgelösten alten Gemeinschaften, der Zersiedlung in der kontinentalen Weite des Landes, der totalen Entrechtung, der zwangsweisen Assimilation... der Euthanasie eines Volkes. Das traditionelle deutsche Dorf auf russischem Boden war neuen Eigentümmern überlassen worden, war ausgestorben oder verschwunden und der Natur zurückgegeben. Häufig erinnerte kein Baum, kein Weg, kein Haus, ja nicht einmal mehr ein liegengelassenes Stück Holz an eine einstmals prosperierende, von ihren Bewohnern tief geliebte Kolonie. Es gab auf Anweisung des Obersten Sowjets, der im Kronsaal des kaiserlichen Palasts zu Moskau tagte (ein Werk des deutschen Architekten Konstantin Thon), kein öffentliches Erinnern mehr an Deutsch, Deutsche und Deutsches in Rußland und in der Sowjetunion:

Die deutschen Kolonisten, die als Volk zusammen mit anderen Völkern ihren Beitrag zum Aufbau eines gewaltigen Landes leisteten? Der deutsche Bauer, der einst rund 9,5 Millionen Hektar Ackerland bewirtschaftete? Der deutsche Kaufmann Ides, der an der Spitze der ersten Handelsexpedition nach China zog? Burkhard Christoph von Münnich als russischer Feldmarschall und Erbauer des Ladogasee-Kanals? Pastor Ernst Glück, der die erste höhere Schule in Moskau baute? Adam Olearius mit seinem grundlegenden Werk über die Völker Rußlands im 17. Jh. oder August Schlözer mit seinem Entwurf des Schulprogramms Katharinas?

Wer war Peter Simon Pallas aus Berlin, der Forschungen in ganz Rußland durchführte, Wilhelm von Struve aus Altona, der die St. Petersburger Sternwarte baute, Baron Paul von Schilling, der in Rußland den elektromagnetischen Telegrafen erfand oder Leo von Klenze aus München, der den letzten Erweiterungsbau der St. Petersburger Eremitage errichtete? Wer war der Wiener Anton von Gerstner, Erbauer der ersten russischen Eisenbahnlinie (von St. Petersburg nach Pawlowsk), der Mennonit Johann Esau, ab 1914 Direktor des russischen Sanitätsdienstes an der Südfront?

Der Bischof der Diözese Tiraspol, Anton Johannes von Padua Zerr, der Großagrarier Johannes Cornies, der Regisseur Wsewolod Meyerhold, der Schauspieler Alfred Hetterle, der Parlamentarier Gustav Schmidt, der Maler Wjatschslaw Schwarz, der Schriftsteller August Lonsinger oder Theodor Hummel, der „Vater der Kaukasusdeutschen"? ...Menschen und ihre Taten waren der Geschichtslosigkeit überlassen.

Erst durch Adenauers Moskaubesuch im Jahr 1955, durch die Aufnahme diplomatischer Beziehungen zwischen Bonn und Moskau, konnte es dann zum Dekret über die Aufhe-

*Wladimir Iljitsch Uljanow, Parteiname Lenin (*1870 †1924)*

Gegründet am 16. Mai 1926

Proletarier aller Länder, vereinigt euch!

Neues Leben

39

(5374)

Preis 8 Kopeken

ZENTRALZEITUNG DER SOWJETDEUTSCHEN • HERAUSGEGEBEN VON DER «PRAWDA»

Нойес Лебен (Новая жизнь) • Центральная газета советских немцев • Издание газеты «Правда» •

20. September 1989

Zeitungskopf der im Moskauer Prawda-Verlag herausgegebenen Zeitung „Neues Leben", 1989

bung der Beschränkungen in der Rechtsstellung der Deutschen und ihrer Familienangehörigen kommen. Die Verbannten durften ihre Sondersiedlungen verlassen, allerdings nicht in frühere Wohngebiete im europäischen Teil der Sowjetunion zurückkehren. Die Abschaffung der Sonderkommantatur war es nun, die eine Art Völkerwanderung auslöste, vor allem aus dem kalten Norden ins südlichere Kasachstan. Dort leben heute zusammen mit rund 50 verschiedenen Völkern etwa 900 000 Deutsche. Doch sie leben in der Gewißheit, daß die junge Sowjetunion vom alten Rußland das Problem eines Vielvölkerstaats übernommen hat, daß sie aufgrund des neu entflammenden Nationalgefühls der großen und kleinen Völker der UdSSR auch hier nur geduldet sein könnten.
Die Rußlanddeutschen sind vom Vorwurf der Kollaboration befreit, Alexander Brettmann kann in seinem Gedicht „Bin Rußlands Sohn" wieder verkünden: „Ich bin ein Sohn der himmelblauen Berge, / wo segensreich der Freiheit Sonne loht. / Und das verleiht mir Heimatstolz und Stärke, / bin Rußlands Sohn und bleib es bis zum Tod."
Victor Jenner reagiert auf die Zeichen der Zeit etwas vorsichtiger, reimt noch 1990 in „Neues Leben": „Viel Gespräch, viel Lärm, Debatten, / ist man wohl davon nicht satt? / Perestroika kann nicht warten, / sie braucht Einsatz in der Tat... Die Gerechtigkeit muß siegen, / die Barmherzigkeit viel mehr, / ohne sie ist unser Leben, / leider manchmal viel zu schwer... Perestroika kann nur siegen / nicht von oben, auf Befehl – / im Bewußtsein jedes Bürgers / durch sein Herz und seine Seel'."
Robert Weber, wie Brettmann und Jenner „Rußlands Sohn", denkt dagegen intensiver als je zuvor über die Zukunft seiner Muttersprache, damit über die Zukunft der Rußlanddeutschen als Volksgruppe nach: „Du, eine leidgeprüfte Kellerpflanze, / wie lange bist du ohne Licht verblieben? / Faulschimmern die bleichsüchtig-dünnen Triebe. / Es riecht nach Asseln und nach Wasserwanzen. / Zerfressen ist die Kraft der Wurzelwörter. / Die Mundart siecht unrein und fruchtlos – krumm... O komm doch endlich, kluger Frühlingsgärtner! / Pflanz meine Muttersprache in die Sonne um!"
Webers Sonne wäre die genannte Autonomie, die Eigenstaatlichkeit. Ein deutsches Lebenszentrum wie einst an der Wolga, an das sich Reinhold Keil aus Kana noch in der Emigration zurückerinnert: „Ich bin ein Kind der Wolga, / geboren am Wolgastrand; / für mich gibt's in allen Welten / nur dies eine Heimatland. / Ich bin an der Wolga geboren / und wünsch mir kein anderes Glück; / dich allein habe ich erkoren, / zu dir kehr ich immer zurück."

Das Wolgagebiet

Saratows Lindenpark, in dem man sich nach heißen Sommertagen zu Tanz und Unterhaltung traf – das Dorf Anton, dessen Umgebung mit herrlichen Wäldern und dem Berg Schischka nicht zu Unrecht die „Wolgadeutsche Schweiz“ genannt wurde – Katharinenstadt mit dem von dankbaren Kolonisten errichteten Denkmal der Zarin Katharina II. – die „Kerb“ (Kirchweih) in Grimm mit ihrem „Latwergekuchen“ – der Jahrmarkt von Seelmann, zu dem „Vatt'r, Mott'r und Kinner“ gemeinsam zogen – die Wolgasteppe mit ihrem eigenartigen Geruch nach Wermut und Thymian – der Trödelmarkt von Engels – 30 Jahrhunderte alte Hügelgräber mit der Erinnerung an Sarmaten und Hunnen... Nur wer die Kolonien an der Wolga nie richtig gekannt hatte, konnte sie vergessen.

An der mittleren Wolga, wo die geschlossensten und ältesten deutschen Siedlungen in Rußland lagen, waren den ersten Einwanderergruppen – am häufigsten aus Oberhessen und Hessen-Darmstadt – 457 800 Deßj. Land zugeteilt worden. Die Kolonisten siedelten sich ohne Mischung mit fremden Nationalitäten in 73 evangelischen und 31 katholischen Mutterkolonien auf Berg- und Wiesenseite (West- und Ostufer) an. Der große Fluß, die Launen der Natur, sibirische Kälte und tropische Hitze sollten die Pioniere in einem Jahr nun zu reichen Bauern machen, um

Wolgagebiet: Windmühle in einem kultivierten Steppengebiet

1. Jahrgang Nr. 3

Friedensbote

Sonntagsbeilage der Wolgadeutschen Monatshefte

„Unser täglich Brot gib uns heute“

Kann es in dieser Zeit einen ernsten Christen geben, der bei der vierten Bitte nicht anhalten und nachdenken müßte? Ein jeder von uns, der das Glück hat, in diesen schweren Zeiten sich täglich satt zu essen, im Kreise seiner Familie und Kinder an einem gedeckten Tisch zu sitzen und nicht an all die Notleidenden, Unterernährten und Hungernden denkt, der hat wohl selbst noch niemals wirkliche Not erfahren, und heißen Hunger verspürt. Mit der Bitte: „Unser täglich Brot gib uns heute“ stellen wir uns ja freiwillig mitten in die große Christengemeinde und in die Schar der Kinder Gottes. Wir wissen, daß durch Gottes Liebe und Erbarmen uns der Tisch gedeckt ist, und daß ohne Gottes Willen auch uns, die wir keine Not leiden, das Brot einmal genommen werden kann. Die Worte: „uns“ und „unser Brot“ legen uns die Verpflichtung auf, für alle Menschen Fürbitte einzulegen. Wer aber von uns Gott ernstlich um Brot für alle Menschen bittet, der denke daran, daß er wohl ohne unser Gebet sich des Hungernden erbarmen kann; daß es jedoch sein heiliger Wille ist, durch uns die Herrlichkeit seiner Liebe in dem Dunkel der Welt erstrahlen zu lassen. Gott will, daß allen Menschen geholfen werde. Als sorgender Vater erscheint er als die rettende Liebe unter den Notleidenden; wir sollen ihm aber dabei behilflich sein. Daran wird jedermann erkennen, ob ihr seine Jünger seid, so ihr Liebe untereinander habet.

Wir lesen jetzt wieder Berichte und Briefe von der großen Hungersnot in Rußland. Mit Widerwillen legt mancher die Zeitungen und Briefe weg. Die meisten sind müde geworden, immer wieder von der Not zu hören, müde geworden, zu helfen, zu geben. Aber sage, mein lieber Leser, bist du noch nicht müde geworden, täglich und stündlich von Gott zu nehmen: Brot und Kleidung, Liebe und Erbarmen, Gnade und Gnade? Gottes Güte ist alle Morgen neu. Du nimmst seine Gaben ohne viel nachzudenken an; läßt du aber jeden Tag deine Liebe in die Welt und in deine Umgebung hineinströmen. Dankst du auch jeden Morgen, jeden Abend deinem Gott für jedes Stück Brot, das du empfangen hast? Gott kann deinen Dank nur annehmen, wenn er aus einem Herzen voll Erbarmens kommt. Aber kann ein Christ anders, als bei jedem Vaterunser und bei der vierten Bitte an alle die Hungernden zu denken, die einer Hilfe begehren und auf sie warten?

„Friedensbote“, die Sonntagsbeilage der vom Verein der Wolgadeutschen in Berlin herausgegebenen „Wolgadeutschen Monatshefte“, 1922

Adam Emich, Redakteur der Regionalzeitung „Kolonist“ in Katharinenstadt und Lehrer an der Saratower Deutschen Schule

„Mannsleuth wie Weibsleuth“ im nächsten in schreckliche Armut zu stürzen. Rußland war ein Wunderland, aber auch eine Hölle auf Erden. Der Berliner Professor für Naturgeschichte Peter Simon Pallas, der die Kolonien 1773 besuchte, berichtete von dort in die Heimat zurück, daß viele Kolonisten wegen der ungewohnten Luft und Hitze und wegen des schlechten Wassers weggestorben seien, daß man sich trotzdem aufgrund des Kinderreichtums stark vermehre. Nach Pallas gab es zu diesem Zeitpunkt im 1767 gegründeten Katharinenstadt bereits je eine evangelische, eine katholische und eine orthodoxe Kirche.

Gleich nach ihrer Ankunft hatten die Kolonisten Probleme mit angriffslustigen Tataren, Kirgisen- und Kalmükenhorden, die eine Reihe von Siedlern in die Sklaverei nach Buchara und Chiwa verschleppten. Auf ihre Anfrage bei der Zarin, ob denn kein sichereres Land zu haben sei, kam als Antwort aus St. Petersburg ein promptes „Nein“ zurück: Ein Grund der Ansiedlung an der Wolga bis dicht an die Grenze Asiens war die Verstärkung des kaiserlichen Kosakenkordons gegen die Nomaden und die damit verbundene Befriedung räuberischer Horden gewesen.

1772 wird die Kolonie Zäsarsfeld niedergemacht, 1776 das Dorf Chaisol, beide auf der Wiesenseite. Im gleichen Jahr kommt der evangelische Pfarrer Ludwig Balthasar Wernborner mit 150 Freiwilligen aus Katharinenstadt ums Leben, als er versucht, die Bevölkerung des katholischen Marienthal aus Räuberhand zu befreien. Wernborner, Jahrgang 1741, war an einem Sonntag Quasimodogeniti in der Burgkirche zu Friedberg/Hessen als Pfarrer „der neuangelegten russisch-kayserlichen Kolonie, Katharinenlehen genannt, von den dazu bestellten Herren Direktoribis ordiniert und priesterlich eingeweiht“ worden. Er hatte während des

Tischlerei in Messer/ Wolgagebiet, um 1935

Zugs nach Osten auf Zucht und Ordnung unter den Auswanderern geachtet, den Kolonisten an der Wolga über die nahezu unlösbaren Probleme der Anfangszeit hinweggeholfen, war ihr Sprecher gegenüber der Regierung, damit schlicht der „Häuptling der Deutschen an der Wolga“ gewesen.

Nach Kirgisen und Kalmücken brachen die Aufständischen unter dem Donkosaken Pugatschow an der Wolga ein, deren Zerstörungswut gerade auch die deutschen Kolonien traf. Im Jahre 1774 schrieb der Kreiskommissar Johannes Wilhelm aus Schönchen an seinen Kreisbevollmächtigten: „Diesen Morgen erhielten wir drei Rapporte von den nächsten Kolonisten bei Tonkoschurowka, daß gestern, 28. August, nachmittags um 3 Uhr, ein Trupp von 50 bis 60 Kirkis-Kaisacken in besagter Kolonie Tonkoschurowka eingefallen, alle Tabunen geraubt und gegen 200 Seelen, meistens Weiber und Kinder, worunter Pater Johannes, mit sich fortgeschleppt; es konnte ihnen kein Widerstand geschehen, weil die Männer meistens in den Wiesen beim Heuschlag waren. Zufolge obgesagten Rapports ist dieser Trupp von der Metschetj hergekommen und hat mit seiner gemachten Beute seinen Rückzug auch wieder dahin genommen.“

Die Wolgakolonien um 1930, zusammengestellt von Peter Sinner, Saratow

Deutsche Bauern in der Wolgasteppe, um 1935

Beim Sarpinkaweben in Sarepta/Wolga, um 1920. – Unten: August Lonsinger (1881–1953), wolgadeutscher Heimat- und Mundartdichter

Diese Unsicherheit gehörte zu „Matuschka Wolga“ wie die wehmutschwere Steppe, das „Judd verbrennen“ am Karsamstag, der deutsche Scharenpflug, der den überalterten russischen Zoche ablöste. Wie die „Herzallerliebste“, die Pfeife, die eins mit dem wolgadeutschen Bauer war. Und trotz der Rückschläge der frühen Siedlung erklang zurück in der alten Heimat weiterhin lauthals das Auswandererlied: „Laßt uns nur das Frühjahr sehen / und die schöne Sommerzeit. / Wer will mit nach Rußland ziehen, / der mach' sich zur Fahrt bereit.“ Das wolgadeutsche Dorf sollte zum eigentlichen Ausgangspunkt des ländlichen Deutschtums im zaristischen Rußland werden...

Entsprechend seiner eigenartigen Zusammensetzung, aufgrund ver-

Boot auf der Wolga, Rußlands wichtigster Verkehrsader

Getreidespeicher in Katharinenstadt

schiedener Einwanderungsepochen, aber auch durch auf dem Boden Rußlands gewachsene Bräuche und Sitten, bildete sich an der mittleren Wolga und ihren Nebenflüssen – an Tarlyk, Dobrinka oder Kleinem Karaman – bald ein eigenartiger Menschenschlag heraus. Von Zeitgenossen wurde er als „herb, bieder, wetterfest, starrköpfig, unermüdlich und als kulturell die rückständigste Vertretung des Deutschtums weltweit“ bezeichnet. Ein Urteil, das natürlich von „Deutschländern“ aus der alten Heimat stammte, was die Wolgadeutschen dann auch besonders „neitschte“ (demnach: wurmte).

Etwas herb waren gelegentlich auch die Flurbezeichnungen. Im Umkreis von Schilling gab es u. a. den „Erste Dreckgrawe“, den „Zweite Dreckgrawe“ oder das „Sauloch“, aller-

Blick auf Katharinenstadt (später Marxstadt)

dings auch ein „Soldatenbrünnche" und ein „Hasselnußgräbche".
Die Kolonisten an der Wolga verwalteten sich bis gegen Ende des 19. Jh. selbst. Jedes Dorf wählte ein Schulzenamt (Vorsteher und Beisitzer), eine Gruppe von Dörfern vereinigte sich zu einem Wolost mit einem Oberschulzenamt an der Spitze. Darüber stand das „Kontor der Vormundschaftskanzlei für Ausländer" in Saratow, das wiederum der Tutel- (Schutz – d. A.) Kanzlei in St. Petersburg unterstellt war. Ausgenommen von Strafsachen zwischen Deutschen und Russen galt das Kontor als höchste Behörde in allen Kolonistenangelegenheiten, was in den Gedanken der damaligen Zeit einer Art Autonomie entsprach. Der Kaiser selbst bestellte einen (deutschen) Oberrichter oder Dirigenten. Man hielt an Brauch und Sitte besonders fest, noch 1831 beschwerte sich der Gouverneur von Saratow bei seiner hohen Regierung darüber, daß die Wolgadeutschen keinen Umgang mit Russen pflegen könnten, da sie einfach kein Russisch, sondern nur ihre „Moddersprouch" sprechen könnten. Diese Sprache hatte es in sich, denn gesprochen wurde eine Mischmundart, „in jed'm Dorf a weng anners, awer des war a Sprouch, die den Bauern gfalle hot". In Balzer etwa oberhessisch, das den Dieb zum Deib, in Fischer ostmitteldeutsch, das Pfeffer zu Feffer, die Pflaume zur Flaume machte, in den Mennonitensiedlungen platt, in dem ein Haus ein Huus war. Die südlichen „Bergseiter" sagten prinzipiell „ischt" wie im Rheinfränkischen, die nördlichen „Bergseiter" dagegen „ist" wie in Hessen. Wenn ein Bauer aus der Gegend um Schwab mit Pflügen, Eggen

Wolgadeutsche Bauern mit ihrem von Dromedaren gezogenen Fuhrwerk in Engels (früher Pokrowsk), 1926

Technische Berufsschule in Engels

oder rollenden Walzen zur Arbeit ging, hieß das „uf die Steppe mache“. Am Abend kehrte der gleiche Bauer dann „noheem“, zu Kulinarischem wie Kreppel, Riwwel- oder Schmantkuchen mit Süßholztee oder zur Leibkost „Kartoffeln un' Klump“ zurück. Wenn es in Seelmann etwas aufzuwärmen galt, dann wurde als Heizmaterial „Brand“ verwendet: getrockneter, billig zu habender Pferdemist. Wer sich für etwas verbürgte, sagte: „Ich sayn d'r gut'r Mann d'rfehr.“ Im 1767 gegründeten Jagodnaja Poljana (Beerenfeld), wo von 95 Personen 48 aus Nidda, 14 aus Büdingen und 10 aus Erbach kamen, wurde von den Appels, Beutels, Dippels, Kochs, Scheuermanns oder Spangenbergers lange dann eben genauso gesprochen wie in Nidda, Büdingen und eben Erbach. Im Nachbarort eben etwas anders, was die deutsche Dialektgeografie kopfstehen ließ. Das heißt… wenn in den Kolonien deutsch gesprochen werden

Deutsche und russische Bauern an der Landungsstelle Dubowka/Gouvernement Saratow, unterhalb des wolgadeutschen Gebiets

Dominik Hollmann, Lehrer und Schriftsteller aus Kamyschin/Wolga

Viktor Klein (1909–1975), Lehrer und Dichter aus Warenburg/Wolga

durfte, was den Siedlern schon während des Ersten Weltkriegs verboten war.

Hüter des in der Regel kernigen und humorvollen Volkslieds war besonders die ledige Jugend. Wer hatte noch nie „Silbersprung“, „Schilling ist ein schönes Städtchen“ oder „Heinrich schlief bei seiner Neuvermählten“ gehört? Denn gesungen wurde ständig, ob bei geselligem Zusammensein, auf der Straße oder bei der Arbeit. Natürlich vergaßen die Wolgadeutschen dabei auch die aus der Heimat importierten Lieder nicht. So klang es aus den Mais- und Spillestuben (spillen für spinnen) oder während eines Polterabends („Bollerouweds“): „Von Ostern bis zu Pfingsten, / das ist die schönste Zeit, / da paaren sich die Vögel, / und auch die jungen Leut.“ Als beliebte Freizeitbeschäftigung neben dem Singen galten Spiele wie Reitball, Soldatensprung oder „Knippel aus 'em Sack“.

Das Haus der Kolonisten war – im Gegensatz zum Schwarzmeergebiet – in der Regel aus Holz gebaut. Vorderküche, Küche, „Staatstube“ (Wohnzimmer) und Schlafstube, Stallungen und Schuppen lagen unter dem gleichen Dach.

Eine wichtige Rolle im Leben der Wolgadeutschen spielte die Kirche. Die Mehrzahl der Gemeinden war evangelisch mit baltendeutschen Pastoren, mehr und mehr studierten Kolonistensöhne dann in Dorpat, um danach in ihren Gemeinden zu dienen. Die Katholiken gehörten ab 1848 dem Bistum Tiraspol an, das sich über ganz Südrußland erstreckte und seinen Sitz in Saratow hatte. Das Saratower Seminar bildete deutsche Kolonistensöhne zu Priestern aus.

Die Lehranstalten der Kolonien waren Kirchenschulen, 1834 wurden in Grimm auf der Berg- und Katharinenstadt auf der Wiesenseite Zentralschulen eröffnet. Später kamen

Der Heimatzirkel der Saratower Deutschen Schule zur Erforschung der Volkskunde mit seinem Leiter Peter Sinner, vor 1941

die sogenannten Landamtsschulen und die beliebten, ausschließlich von den Kolonisten getragenen Gesellschaftsschulen hinzu. Unterrichtet wurde praktisch vom ersten Tag der Einwanderung, wenn Not am Manne war auch mit dem Rohrstock. Peter Sinner, der als „Vetter Peter" bekannte Dichter und Erzieher an der Saratower Deutschen Schule, schrieb über die Lehrmethoden dieser Zeit: „Jünglinge und Mädchen wurden über die Bank gezogen, die Überkleider wurden ihnen über den Kopf gezogen und sie wurden geschlagen wie kaltes Eisen..."
Der Verlust der durch das kaiserliche Wort „auf ewige Zeiten" verbürgten Privilegien ging dann ab Mitte des 19. Jh. schrittweise vor. Höhepunkte waren die Einführung der Wehrpflicht und die Auflösung des eigenen Verwaltungsrayons mit der Eingliederung in die allgemeine russische Verwaltung. Die Wolgadörfer wurden den Gouvernements Samara und Saratow zugeschlagen.
Nach Unstimmigkeiten untereinander waren die Wolgadeutschen 1816 von ihrer ursprünglichen Landordnung abgekommen und hatten das in Rußland später übliche bäuerlich-kommunistische Mirsystem übernommen, nach dem das Land von Zeit zu Zeit dem Bevölkerungszuwachs entsprechend aufgeteilt wurde. Und die Bevölkerung wuchs: 1767 lebten 27 000 Deutsche an der mittleren Wolga, 1868 bereits 250 000, 1914 gar 600 000. Dadurch mußte das Land alle 3 bis 5 Jahre neu aufgeteilt werden, was den Anteil des Einzelnen jeweils verringerte (auf der Bergseite von 15,5 Deßj. pro

Kopf im Jahr 1789 auf 1,5 Deßj. im Jahr 1869), wobei es im Endeffekt nicht viel half, daß die Regierung den Deutschen eine weitere Million Deßj. zuteilte. Die Bevölkerung wuchs, das Rußlanddeutschtum stand in Bezug auf Kinderreichtum ganz generell an der Spitze aller Völkerschaften des Landes. Ab Mitte des 19. Jh. gründeten die Altkolonien Tochtersiedlungen, am Flüßchen Malysch wurden Dörfer direkt aus Deutschland angelegt. Die neuen Kolonien hatten Namen mit so positiven Zukunftaussichten wie Schöntal oder Hoffnungstal oder setzten vor die Bezeichnung der Mutterkolonie einfach ein „Neu“ wie in Neu-Bauer und Neu-Schilling. Einzelne Kolonisten kehrten der Wolga auch den Rücken, zogen nach Sibirien oder wanderten nach Übersee aus.

Ohne Zweifel waren die Wolgadeutschen bei der Bewirtschaftung ihres Bodens durch das Mirsystem nicht ganz so produktiv wie etwa die Schwarzmeerdeutschen, dafür entwickelte sich bei ihnen schon früh eine Klein- und Hausindustrie sowie der Handel. Vor dem Ersten Weltkrieg saßen die Kolonisten auf offiziell zugeteilten oder angekauften 2 500 000 Deßj. Land, knapp 60 000 landwirtschaftliche Betriebe waren in deutscher Hand. An der Wolga wurde auf meist humusarmen Böden besonders Weizen, Roggen, Hafer und Gerste angebaut, eine besondere Rolle spielte der Tabak und natürlich die Kartoffel. In Katharinenstadt florierte die metallverarbeitende Industrie – von hier kamen die leistungskräftigen Naphtatraktoren –, um Balzer herrschte Textillindustrie vor. Wolgadeutsche Putzmühlen, Worfelmaschinen, Sarpinkaweberei und Le-

Deutscher Floßwächter auf der Wolga, um 1910

Trikotagenfabrik im Industriezentrum Balzer, um 1930

Markttag in Balzer,
um 1920

derwaren waren in ganz Rußland populär.

Im „deutschen" Wolgagebiet drehten sich 600 Windmühlen, 150 Feuer- und 110 Wassermühlen. In Amat, Preis oder Hölzel spielte die Korbflechterei eine Rolle, in Kukkus die Töpferei, in Müller und Moor der Spinnrad-, in Galka und Stephan der Schlittenbau. Aus Sarepta, einer frühen Gründung der Herrnhuter (heute ein Stadtteil von Wolgograd) kam der weitgerühmte Sareptaner Senf. An Saratows Deutscher Straße lagen die modernsten Geschäfte, Hotels und Gaststätten, Saratows Getreidekaufmann Schmidt galt als „Weizenkönig" Rußlands. Das deutsche Viertel wurde von der stattlichen katholischen Kirche und dem evangelischen Gotteshaus in der Nikolskaja überragt. Die Stadt selbst war ein geistiges und wirtschaftliches Zentrum weit über das Wolgagebiet hinaus. Und längst hatte sich das Verhältnis der Kolonisten zu ihren kirgisischen Nachbarn gebessert: Als bestes Beispiel dafür galt das Ergebnis einer Massenschlägerei zwischen Deutschen und Russen während des Jahrmarkts in Seelmann, während der die Kirgisien auf Seiten der Deutschen eingriffen, um den Händel schließlich auch zu deren Gunsten zu entscheiden.

Im Wolgagebiet erschienen bis zum Ersten Weltkrieg deutsche Publikationen wie die „Deutsche Volkszeitung", die „Saratower Deutsche Zeitung", der „Friedensbote", das Wochenblatt „Klemens", „Der Wolgabote" oder der „Wolgadeutsche Kalender". Rußlanddeutsche Schriftsteller schätzten die Zahl der hier lebenden Deutschen 1918 auf 750 000 Personen („Volkskalender", Saratow). 1921/22 litten die Kolonisten als Folge des Bürgerkriegs dann unter einer schweren Hungersnot. Um dem „großen Sterben" zu entgehen, flohen viele Siedler in ihren Planwagen jetzt nach Sibirien und Wolhynien, nach Nordrußland und in den Kaukasus.

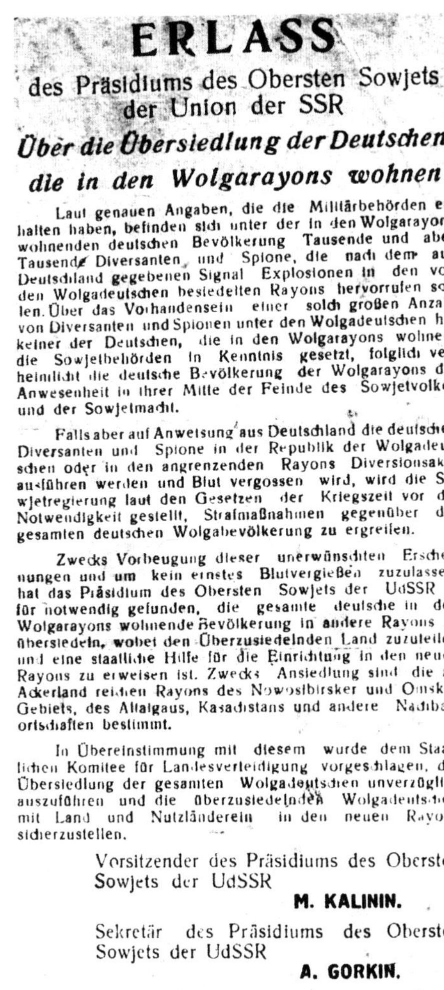

ERLASS

des Präsidiums des Obersten Sowjets der Union der SSR

Über die Übersiedlung der Deutschen, die in den Wolgarayons wohnen

Laut genauen Angaben, die die Militärbehörden erhalten haben, befinden sich unter der in den Wolgarayons wohnenden deutschen Bevölkerung Tausende und aber Tausende Diversanten und Spione, die nach dem aus Deutschland gegebenen Signal Explosionen in den von den Wolgadeutschen besiedelten Rayons hervorrufen sollen. Über das Vorhandensein einer solch großen Anzahl von Diversanten und Spionen unter den Wolgadeutschen hat keiner der Deutschen, die in den Wolgarayons wohnen, die Sowjetbehörden in Kenntnis gesetzt, folglich verheimlicht die deutsche Bevölkerung der Wolgarayons die Anwesenheit in ihrer Mitte der Feinde des Sowjetvolkes und der Sowjetmacht.

Falls aber auf Anweisung aus Deutschland die deutschen Diversanten und Spione in der Republik der Wolgadeutschen oder in den angrenzenden Rayons Diversionsakte ausführen werden und Blut vergossen wird, wird die Sowjetregierung laut den Gesetzen der Kriegszeit vor die Notwendigkeit gestellt, Strafmaßnahmen gegenüber der gesamten deutschen Wolgabevölkerung zu ergreifen.

Zwecks Vorbeugung dieser unerwünschten Erscheinungen und um kein ernstes Blutvergießen zuzulassen, hat das Präsidium des Obersten Sowjets der UdSSR es für notwendig gefunden, die gesamte deutsche in den Wolgarayons wohnende Bevölkerung in andere Rayons zu übersiedeln, wobei den Überzusiedelnden Land zuzuteilen und eine staatliche Hilfe für die Einrichtung in den neuen Rayons zu erweisen ist. Zwecks Ansiedlung sind die an Ackerland reichen Rayons des Nowosibirsker und Omsker Gebiets, des Altaigaus, Kasachstans und andere Nachbarortschaften bestimmt.

In Übereinstimmung mit diesem wurde dem Staatlichen Komitee für Landesverteidigung vorgeschlagen, die Übersiedlung der gesamten Wolgadeutschen unverzüglich auszuführen und die überzusiedelnden Wolgadeutschen mit Land und Nutzländerein in den neuen Rayons sicherzustellen.

Vorsitzender des Präsidiums des Obersten Sowjets der UdSSR
M. KALININ.

Sekretär des Präsidiums des Obersten Sowjets der UdSSR
A. GORKIN.

Moskau, Kreml. 28. August 1941.

„Tag der Presse“ im Dorf Mariental, 1930: Junge Männer und Frauen mit der Werbung für Zeitungen und Broschüren

Lesehalle in Mariental

Erlaß des Präsidiums des Obersten Sowjets der Union der SSR zur Umsiedlung der Deutschen aus den Wolgarayons, 1941

Nach der Oktoberrevolution beschäftigte sich ein Rätekommissariat für deutsche Angelegenheiten mit dem kriegsgefangenen deutschen Sozialdemokraten Ernst Reuter – ab 1947 Oberbürgermeister von Berlin –, mit dem Aufbau einer Autonomie der Wolgadeutschen auf den Gebieten von Verwaltung, Schule, Finanzwesen, Selbstschutz, Rechtsverfahren und Presse. Ein Ukas Lenins in der „Iswestija“ begleitete die Planung: „Daher ist von uns zum Kampf mit den Großbauern und Konterrevolutionären der deutschen Kolonien das Rätekommissariat der deutschen Wolgakolonisten berufen, zu dessen Führung die erprobten Kommunisten Petin und Reuter bestimmt sind, die zu derjenigen Richtung der deutschen Sozialdemokraten gehören, an deren Spitze Karl Liebknecht steht“. Die Verwaltung lag in der Hand einer „Arbeitskommune für das Wolgagebiet“ mit Sitz zuerst in Saratow, danach in Katharinenstadt, das in Marxstadt umbenannt wurde, und schließlich in Pokrowsk (Engels), am linken Wolgaufer gegenüber von Saratow.

Am 6. Januar 1924 wurde das Gebiet der Wolgakolonien zu einer Autonomen Sozialistischen Sowjetrepublik der Wolgadeutschen (ASSRdWD) erklärt. Die Selbstverwaltung beschränkte sich allerdings auf die Zweige Inneres, Rechtspflege, Gesundheit, Erziehung, Landwirtschaft und soziale Fürsorge. Im Gefüge war dieser Räte-Freistaat ein Bundesstaat, wobei die kommunistische Partei bestimmend auf Verfassung und Verwaltung einwirken konnte.

Damit gab es zwischen dem 50. und 52. nördlichen Breitengrad und dem 45. und 48. Meridian, stromabwärts von Schiroki Bujerak und Dewitschji Gorki, ein fast 30 000 Quadratkilometer großes Klein-Deutschland mit einem Rätekongreß an der Spitze, dem 300 Deputierte aus den örtlichen Sowjets angehörten. Ein Klein-Deutschland allerdings mit kräftigen Einsprengseln nationaler Minderheiten wie Russen und Kasachen, Ukrainern und Esten. Die Republik der Wolgadeutschen konnte keine nationale Geschlossenheit beanspruchen, da sie 6 rein deutsche, 3 rein russische und 5 gemischte Kantone umfaßte. Doch noch gab es in den Kantonen Siedlungen mit Erinnerungsnamen wie Mannheim, Basel, Straßburg oder Braunschweig, mit Ortsnamen, die an Gründerfamilien erinnerten wie Müller, Kraft, Stahl, Schäfer, Schmidt oder Pfannenstiel.

Mit dem Aufbau der Wolgarepublik ging eine gewisse Neubesinnung der deutschen Kolonisten einher, was sich besonders auch in der Literatur niederschlug. Fritz Heinz Reimisch veröffentlichte „Die deutschen Wolgakolonien von ihrer Gründung bis zu den Tagen ihrer größten Leidenszeit", Friedrich Bier und Alexander Schick „Aus den Leidenstagen der deutschen Wolgakolonie", Pater Gottlieb Beratz „Die deutschen Kolonien an der unteren Wolga in ihrer Entstehung und ersten Entwicklung", Georg Dinges „Beiträge zur Heimatkunde des deutschen Wolgagebiets mit einer Mundartenkarte und Tabelle". Die „Wolgadeutschen Monatshefte" rundeten durch eine Fülle geschichtlicher, volkskundlicher und wirtschaftlicher Beiträge das Bild von Land und Leuten ab.

Lagerhaus des Verbandes der Landwirtschaftlichen Kooperation der Wolgadeutschen „Nemselskosojus" in Astrachan, 1928

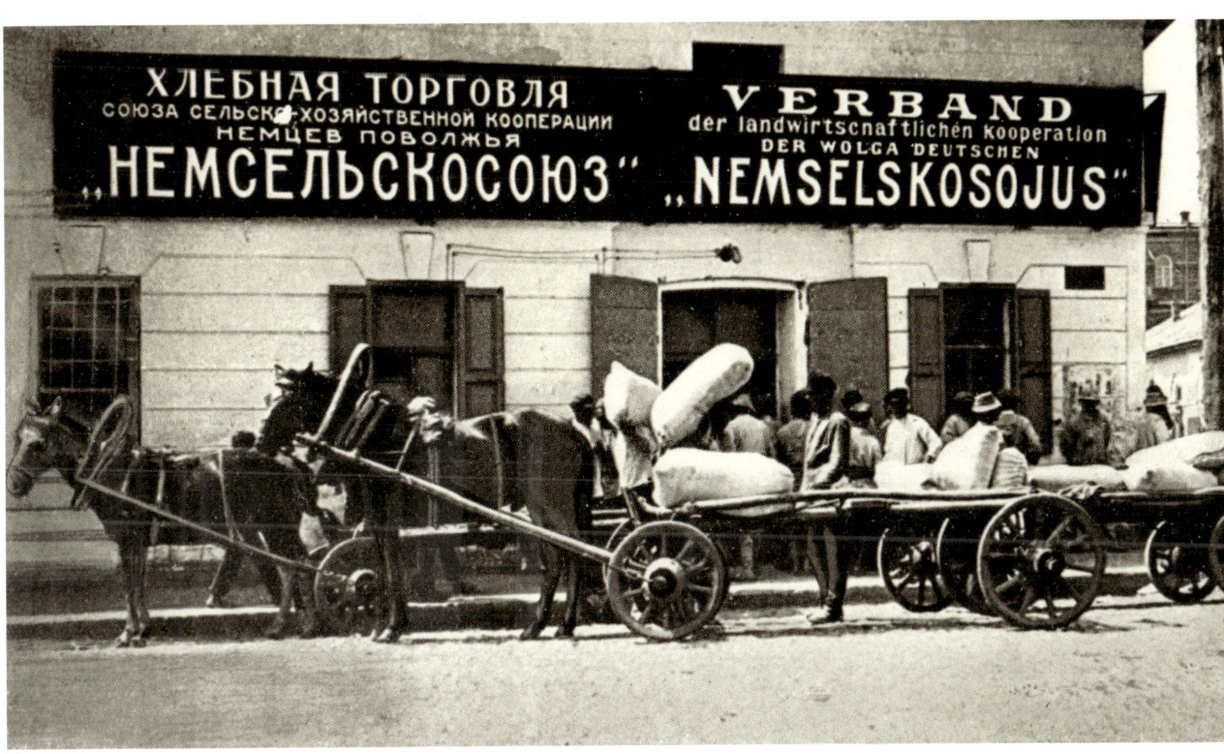

Seit Beendigung des Bürgerkriegs erschienen wieder Zeitungen wie die „Deutsche Stimme" in Marienthal, die „Deutsche Volkszeitung" in Saratow oder der katholische „Kolonist" in Marxstadt. Das langlebigste Blatt unter ihnen waren die „Nachrichten aus Pokrowsk", ein Organ des ZVK und Gebietskomitees der Partei mit dem Untertitel „Proletarier aller Länder vereinigt Euch!"

1926 betrug die Aussaatfläche der Wolgadeutschen noch rund 750 000 Hektar. Dann traf die Politik der Industrialisierung des Landes, obwohl durchaus begleitet von einem wirtschaftlichen Aufschwung, den deutschen Bauer besonders hart. Mit der Enteignung/Kollektivierung der Landwirtschaft, dem „Kampf gegen die Kulaken zugunsten der Dorfarmut", gingen verheerende Hungersnöte einher, Säuberungen und die Verschickung in Arbeitslager. Die vorherrschende Form der Kollektive war das „Artel", eine Produktivgenossenschaft, die die Produkte der Landwirtschaft gemeinsam erzeugte und verwertete. Ließ Stalins Fünfjahresplan von 1928 dem einzelnen Bauer noch Haus und Hof, brachte der Plan von 1933 die Kollektivierung des Menschen, das Aufgehen des persönlichen Lebens in der Kommune. Schon 1929 zogen rund 14 000 rußlanddeutsche Bauern nach Moskau, um ihre Ausreise zu betreiben. Wem es gelang, zog schließlich hinaus in alle Welt, da Deutschland selbst die Aussiedler zu diesem Zeitpunkt nicht aufnehmen konnte.

Endgültig vernichtet wurde das Deutschtum an der Wolga durch den Ausbruch des Zweiten Weltkriegs mit der Deportation der Kolonisten hinter den Ural. Wer die deutschen Dörfer im Wolgagebiet jetzt suchte, mußte nach Zwetotschnoje (früher Blumenfeld), Romaschki (Straßburg), Lugowoje (Wiesenmüller) oder Iwanzowka (Weimar) fragen. Die Kolonie Hussenbach, bei deren Gründung der

Hof eines Herrnhuters in Sarepta

Bauernhof in der Siedlung Koeppental

„Offizier, auch gut von Adel“ Bernhardt Ludwig von Platen einst mitgeholfen hatte, hieß nun Linewo-Osero. Wer in die deutsche Kirche von Kana wollte, fand dort einen Getreidespeicher, das frühere Gotteshaus von Katharinenstadt war zum „Kulturpalast“ umfunktioniert, jenes von Gnadentau zur Graupenmühle.
Die ehemalige ASSRdWD war unter den Gebieten Stalingrad und Saratow aufgeteilt, den zwangsverschickten Deutschen per Dekret von 1948 dann die Rückkehr zu ihrem Eigentum untersagt. Peter Sinners düstere Prophezeiung hatte sich erfüllt:
„Wie die entrissenen Blätter jagen – / treibst Du, mein Volk, mit zagem Sinn, / vom Mutterstamme losgeschlagen, / durch fremde Fluren irrend hin. / Ein Blatt, dem Mutterstamm entnommen, / ist Wetter, Sturm und Wind geweiht; / es treibt, um nur zur Ruh zu kommen, / bis es vermodert, eingeschneit. / So wird's auch dir, mein Volk, ergehen, / hälst du am Volksstamm noch so zäh; / wirst in der Fremde untergehen, / ersterbend unter Schutt und Schnee.“
Sinner ging mit seinem wolgadeutschen Volk in die Verbannung. Wo man ihn dort begraben hat blieb bis heute unbekannt.

Wolgadeutsche Monatshefte

Monatsschrift für Kultur und Wirtschaft der Wolgadeutschen

Herausgegeben vom Verein der Wolgadeutschen E. V., Berlin NW. 52, Schloß Bellevue.

Erscheint am 1. jeden Monats

Einzelheft 25 Gold-Pfennige

Nummer 15/16 Berlin, September 1924 III. Jahrgang

Aus dem Inhalt:

Der Hunger in den Wolgakolonien / Aus dem Heimatland / Beiträge zur Lösung der Agrarfrage / Frühjahrsgartenarbeit der „Weibsleut.“ — Das „Tuwakpflanz'n.“ / Nochmals die Rückkehr nach Rußland / Zur Mitternachtssonne. (Eine Reise durchs nördliche Rußland an die Murmanküste). / Vereinsnachrichten / Briefkasten

Bei Anfragen ist Rückporto beizulegen, da nur in diesem Falle eine Antwort erteilt wird. Schluß der Redaktion ist der 10. jeden Monats.

Verantwortlich für die Schriftleitung: Fritz Heinz Reimesch, Berlin.

Druck und Verlag: Bernard & Graefe, Berlin N4, Wöhlertstraße 12.

Titelseite der „Wolgadeutschen Monatshefte“, herausgegeben vom Verein der Wolgadeutschen in Berlin, 1924

Nach dem Gottesdienst in Kukkus

Lutherische Begräbnisfeier in Kukkus

Die Ukraine

Der Schwarzmeerdeutsche Johann-Adam Hieb griff 1808 zur Feder und schrieb an seinen Schwager Georg Koch im heimatlichen Elsaß, um ihn zu bitten: „... mit Deiner Familie und allen Verwandten, deren Lage es erfordert, in dieses Land (Rußland – d. A.) zu ziehen. Hier sind wir mit Fleisch und Brot versorgt. Der Wein hat denselben Preis wie bei Euch daheim ... Der Boden hier braucht nicht gedüngt zu werden, und die Frauen brauchen keine Feldarbeit zu tun, denn man kann sich leicht 100 Stück Vieh anschaffen ...“ Zurück im Elsaß, wo das gemeine Volk meist von Kartoffeln und Weißkäse lebte, eiserne Not vorherrschte, war das in Hiebs Erinnerung ganz anders gewesen ...

Nur kurze Zeit, nachdem die ersten Dörfer an der Wolga angelegt wurden, entstanden auf mächtigen Ländereien von Günstlingen Katharinas im Schwarzmeergebiet die ersten größeren deutschen Siedlungen Südrußlands. 1789 trafen auf Einladung der Kaiserin nach Festlegung von Rechten und Pflichten 228 mennonitische Familien aus dem Danziger und Marienwerder Bezirk am Dnjepr ein und gründeten die Kolonie Chortitza in der Nähe der heutigen Stadt Saporoshje. Jede Familie erhielt rund 65 ha Land, das selbst im Erbfall nicht aufzuteilen war. 11 Jahre später wurde den Mennoniten von Zar Paul I. das „Gnadenprivileg“ zugestanden, das den bereits ansässigen und noch einwandernden Täufern vollkommene Religionsfreiheit, Befreiung von Eid, Kriegs- und Zivildienst, Gewerbefreiheit und für 10 bis 15 Jahre Abgabefreiheit garantierte. 1819 lebten in Chortitza bereits 560 Familien, 1910 – inzwischen eine der wohlhabensten deutschen Siedlungen in Rußland – 2000 Familien mit rund 12 000 Personen.

Eine Wanderbewegung in großem Ausmaß setzte allerdings erst aufgrund eines Einladungsukases von Alexander I. aus dem Jahre 1804 ein, die ihre Höhepunkte zwischen 1806 und 1809, dann 1817, 1822/23 und 1837 erreichte. Angelockt von kaiserlichen Privilegien und der brachliegenden, fruchtbaren Schwarzerde kommen Kolonisten und gründen die katholischen und evangelischen Siedlungen in Taurien, Jekaterinoslaw (Saporoshje), bei Odessa und auf der Krim, im Kaukasus, bei Berdjansk, in Wolhynien und in Bessarabien. Der typische Schwarzmeerdeutsche stammt aus Württemberg, aus Baden, Westpreußen, aus dem Elsaß, aus Hessen oder der Bayrischen Pfalz. Er wohnt in rein protestantischen Kolonien wie Glückstal (4 Siedlungen), rein katholischen wie Kutschurgan (6), gemischten Kolonien wie Großliebental (6 rein protestantische, 4 katholische) oder Beresan (7 katholische und 4 protestantische Siedlungen) ... ein Beweis dafür, daß anfänglich die konfessionellen Unterschiede bei den Kolonisten genauso tief saßen wie die nationalen.

Tatsächlich spielte die Kirche im Leben der Schwarzmeerdeutschen eine überragende Rolle. Ob evangelisch oder katholisch – die Kirche stand im Mittelpunkt des geistigen Lebens, griff über ihre Schulen in die Erziehung der Kinder ein. Der Besuch des Gottesdienstes war selbstverständlich, auch wenn der eigentliche Pfarrer eines Kirchspiels, das bis zu 50 Dörfer umfassen konnte, seine Gemeinde gelegentlich nur ein einziges Mal im Jahr sah.

Die Ortsnamen, die die Rußlanddeutschen ihren Siedlungen an Dnjestr, Tiligut oder Sarata gaben, ließen nicht selten direkt auf ihre Herkunft in der alten Heimat schließen: das katholische Karlsruhe etwa im Fuchstal/Beresan, später unter den wohlhabendsten deutschen Kolonien im Schwarzmeergebiet,

Deutsche Siedler bei der Herstellung von Lehmsteinen zum Hausbau

Gegenüberliegende Seite: Deutsche Bauernfamilie beim Enthülsen von Maiskolben in Darmstadt/Taurien

wurde 1810 von 42 badischen und 26 Familien aus der Bayrischen Pfalz gegründet, darunter die Geigers aus Leimersheim, die Fricks aus Germersheim und die Fohrs aus Rheinzabern. Im ebenfalls katholischen Landau/Beresan stammten die ersten 66 Familien aus der Pfalz, 27 aus dem Elsaß, unter ihnen die Fröhlichs aus Bunthental/Pirmasens, die Freidigs aus Weißenburg und die Bekkers aus Bergzabern.

Um 1841 wohnten in 205 deutschen Mutter- und Tochterkolonien bereits rund 10 000 Familien mit etwa 55 000 Personen auf 674 000 Desj. zugeteiltem Land. Und noch brauchte an Grund und Boden in dem flachwelligen, baumlosen Steppengebiet nicht gespart zu werden. Das typische deutsche Dorf war entlang einer etwa ein bis drei Kilometer langen Straße angelegt, die von Akazienbäumen in Fahr- und Gehweg getrennt wurde. Die Höfe selbst waren 40 m breit und 120 m lang, was dem Dorf einen einheitlichen Charakter gab. Im Schwarzmeergebiet wurde immer einstöckig mit Kalk- und Sandstein gebaut, Haus und Mauern regelmäßig frisch geweißt. Wohnräume und Stallungen lagen unter einem Dach, die Sommerküche, in der sich das Leben während der heißen Jahreszeit abspielte, gehörte zu jedem Haus wie die Ludwigsburger Walker-Orgel in (fast) jede deutsche Gemeinde. Das Dorfbild beherrschte die Kirche mit ihrem hohen Turm.

War es dem Gastland unter Katharina II. in erster Linie darum gegangen, möglichst viele Kolonisten anzuwerben, legte der Zarenhof jetzt verstärkten Wert auf die „Qualität" der Siedler, ganz gleich ob Landwirt oder Handwerker. Zu den Vorbedingungen einer Ansiedlung zählte nun ein Grundkapital jedes erwachsenen

Der mennonitische Uhrmacher David Kroeger aus Rosental bei Chortitza

männlichen Kolonisten von 300 Gulden. Einwanderer sollten „Familienväter mit Kindern" sein. Nach dem Ukas von Alexander I. erhielt jede Familie dann „30 bis 80 Deßjatinen an brauchbarem Feld, je nachdem sie es bearbeiten kann" von der Krone unentgeltlich. Als Abgabe waren nach Verlauf von 10 Freijahren ein Grundzins von 15 bis 20 Kopeken jährlich zu zahlen. Ein Vorteil für die deutschen Bauern war, daß sie noch zwei Generationen lang als Freie neben Russen als Leibeigenen arbeiten konnten.

Ab 1800 gründen die wirtschaftlich tüchtigen Mennoniten am Flüßchen Molotschna (Milchfluß) das Halbstädter Mennonitengebiet, das durch Zuzug aus Danzig, Elbing, Fürstenwerder oder Heubuden schnell auf 55 Dörfer anwuchs. Von hier sollte dann der Molotschner Wagen stammen, der in Rußland bald einen ausgezeichneten Ruf besaß. 1830 wurde

Die Zentralschule von Chortitza mit David Kroegers Turmuhr, einem Wahrzeichen der Kolonie, 1923

Schulklasse in Neuhoffnungstal bei Berdjansk, 1924

von den Täufern, die sich in der Regel streng von anderen deutschen Gruppen trennten, generell so etwas wie einen „Staat im Staate Rußland" bildeten, der „Landwirtschaftliche Verein" mit dem erfolgreichen Groß bauern Johannes Cornies an der Spitze ins Leben gerufen. Unter Cornies' Anleitung reiften die Kolonisten wirtschaftlich wie kulturell zu „Musterwirten" im wahren Sinne des Wortes heran. Sie waren die ersten, die in der Ukraine zum Vierfeldersystem mit Grün- und Schwarzbranche übergingen.

Daneben hatten die Mennonitenkolonien um Halbstadt, Gnadenfeld und Ohrloff überaus fähige Handwerker, um das Jahr 1910 waren mehr als die Hälfte aller Mühlen in Südrußland in ihrer Hand. Die von den Täufern hergestellten landwirtschaftlichen Maschinen machten 6,2 % der gesamtrussischen und 10% der südrussischen Produktion aus. Es gab jetzt neben mennonitischen Landwirten mennonitische Industrielle und Kaufleute, Theologen, Juristen, Ärzte und Ingenieure. Das mennonitische Schulwesen von der Zentralschule bis zur höheren Lehranstalt mit Gymnasialprogramm galt als eines der besten in ganz Osteuropa. Der stark ausgeprägte Gemeinschaftssinn der Gruppe spiegelte sich in Anstalten der Wohltätigkeit, darunter die Nervenheilanstalt Bethania in Chortitza, die Taubstummenschule in Tiege/Molotschna, in Waisenhäusern, Krankenhäusern und Altenheimen, die dann allesamt bis 1929 geschlossen werden mußten.

Das mennonitische Bauernhaus bestand – wie zurück in den friesischen Marschen – aus einem großen Einheitsbau, der den Vorteil hatte, daß die Wirtschaft innerhalb der Hausmauern bearbeitet werden konnte. Stall und Haus waren durch eine Brandmauer gesichert, als Stalltüre die doppelteilige „Agterdöör" überall zu finden. Die Scheune entsprach mit ihrer Höhe dem mennonitischen Sprichwort: „Een groota Gevel berickat den Hoff" („Ein großer Giebel bereichert den Hof"). Der Stolz der Bauern waren ihre Wagenpferde, in guten Zeiten der dunkelbraune Oldenburger oder der hellbraune Holsteiner.

Rund 10 000 Mennoniten aus Danzig und Preußen waren der Einladung der russischen Herrscher gefolgt, hatten sich in Chortitza, Molotschna, an der Wolga und in Wolhynien niedergelassen. Ihre Siedlungen um Warschau gehörten bis zu 1914 ebenfalls zu Rußland. Da sich die Gruppe rund alle 25 Jahre durch die hohe Kinderzahl verdoppelte, wurden um 1890 bereits über 50 000, 1915 über 100 000 Personen gezählt, die fast durchweg russische Staatsbürger waren. Zu diesem Zeitpunkt hatte allerdings bereits ein Drittel der Täufer wegen des Entzugs kaiserlicher Privilegien Rußland schon wieder verlassen. Nur der Kompromiß der Regierung, den Mennoniten anstelle der Wehrpflicht einen Ersatzdienst („Forsteidienst") zuzugestehen, mag die totale Auswanderung der Gruppe verhindert haben. Von den Mutterkolonien fächerten sich ihre Siedlungen schließlich weit aus: Zu Beginn des Ersten Weltkriegs gab es Tochterkolonien auf der Krim (Taurien), im Kaukasus, in Turkestan, im Orenburgischen und im Dongebiet. Um Omsk/Sibirien waren seit 1899 29 Dörfer entstanden, um Tomsk/Sibirien ab 1908 58.

Das Hauptsiedlungsgebiet der Schwarzmeerdeutschen bildete einen etwa 100 km breiten Streifen entlang des Schwarzen Meeres, von seinem Westufer bis zum Ostufer im Kaukasus. Die deutschen Dörfer hatten im Schnitt zwischen 400 und 600 Einwohner und ein blühendes Kirchenschulwesen. Bis zum Ersten Weltkrieg wurde neben russisch auch muttersprachlich unterrichtet. Für die Lehrerbildung waren Zentralschulen, Progymnasien und einige höhere Schulen eingerichtet. Man verfügte mit dem Fürsorge-Komitee über eine eigene Verwaltungsbehörde. Das Land – hier immer die „Wirtschaft" – war im Gegensatz zur Wolga Eigentum der Gemeinde, es mußte vom Siedler als Besitzer mit erblichem Nutzungsrecht jeweils ungeteilt auf einen Sohn übertragen

Blick auf Neusatz, die älteste deutsche Siedlung auf der Krim

Krim: Betrieb einer kleinen Mühle auf einem deutschen Bauernhof, um 1920

werden. Beim Fehlen eines männlichen Erben fiel die Wirtschaft an die Gemeinde zurück.

Als Allgemeingut waren Grund und Boden kein Spekulationsgebiet, kein Fremder konnte in die Kolonien eindringen. Dadurch erhielt sich der deutsche Charakter verhältnismäßig lange, ohne daß ein gewisser Assimilierungsprozeß übersehen werden durfte. Die kinderreichen Familien waren allerdings schon bald gezwungen (in 100 Jahren verzehnfachte sich die Bevölkerung!), neuen Boden anzukaufen. Im Gegensatz zu den Wolgadeutschen, die in Großfamilien lange in ihren überfüllten Dörfern blieben, machte sich die Jugend hier früh selbstständig, verließ das Dorf und zog immer tiefer hinein in die Schwarzmeersteppe, danach ins Dongebiet, in den Nordkaukasus, nach Westsibirien, Mittelasien und selbst noch in den Fernen Osten. Die notwendigen Mittel zum Ankauf von Neuland brachten die einzelnen Gemeinden durch Selbstbesteuerung, sogenannte „Kassen zum Ankauf von Neuland" auf. So hatten die Schwarzmeerdeutschen bald auch siebenmal mehr Land, als ihnen ursprünglich einmal zugeteilt worden war... eine der Voraussetzungen, die Südrußland jetzt zur Kornkammer Europas machte.

Jede Gemeinde wählte einen Dorfschulzen, Küster, Kirchenältesten und Dorfschreiber, wobei der Schulze auch als Richter fungieren und verschiedene von den Kolonisten begangene Delikte aburteilen konnte. Die Amtssprache war deutsch, auch dann noch, als nach 1871 die russische Landschaftsverwaltung für die deutschen Siedlungen zuständig war. Die Gemeinde bestimmte über die Einteilung in Sommer- und Winterfeld, Schwarz- oder Grünbranche, das Weideland wurde gemeinsam genutzt. Da die

Alexanderfeld: Deutsche Kolonistenfrauen beim Backen in der Sommerküche

Deutschen nicht selten mit modernster Technik – die Mähmaschine wurde 1870 eingeführt – arbeiteten, rückte eine Reihe von ihnen vom Bauern im „ärmlichen und naturalwirtschaftlichen Stilleben" zum Gutsbesitzer auf. In jedem Fall schoben die deutschen Siedler eine neue soziale Schicht zwischen die russischen Kleinbauern und den adeligen Großgrundbesitz.

Zu den erfolgreichsten rußlanddeutschen Kolonisten zählte die schwäbische Familie Falz-Fein auf ihrem Gut Askania Nova in Taurien. Sie eignete das Gut Elisabeth bei Melitopol, weite Landflächen am Dnjepr, auf der Halbinsel Krim und im Gouvernement Wilna mit zusammen rund einer Million preußische Morgen. In ihrem Besitz waren 750 000 Stück „edler und edelster" Schafe. Die Fleischkonservenfabriken „Tschernomorsko-Asowskaja Konservnaja Fabrika S. B. Falz-Fein", mit Tausenden von Arbeitern, belieferte exklusiv das gesamte russische Militär. Der berühmte Tiergarten von Falz-Fein war zu seiner Zeit der größte in Europa.

Die Schwarzmeerdeutschen betrieben überwiegend Landwirtschaft – Haupterzeugnisse waren das Brotgetreide –, ein geringerer Prozentsatz verdiente seinen Lebensunterhalt durch Handwerk, Handel und in der Industrie. Aus kleinen Handwerkstätten entwickelten sich allmählich größere Betriebe wie in Spat, Prischib-Halbstadt und Hoffental/Taurien, Selz und Kandel/Cherson und Chortitza, Schönwiese und Kitschkas/Jekaterinoslaw. Deutsche Bauern führten den Obstbau ein. Der subtropische Sommer Südrußlands lieferte den besten Weizen, die deutschen Kolonien wurden zum Weizen-Exportzentrum des Landes.

Im idealen Klima der Krim bauten die Deutschen wie in Bessarabien und im Südkaukasus Wein an. Das „Herbsten", die Traubenlese, gehörte hier zu den absoluten Höhepunkten im Jahreslauf. Der Kolonist Stahl zählte dabei 15 000 ha Weinberge zu seinem Besitz, was ihn zum größten Weinbauern Rußlands machte. Der gute Ruf der deutschen Hotels und – nach einer Abstinenz-Periode – der deutschen Festlichkeiten begründete sich dann neben dem Halbstädter Bier auf der Qualität Krimmer Weine. An ihrer Spitze der ebenso teure wie berühmte Sudaker Wein, benannt nach der deutschen Weinbauerkolonie Sudak am Abhang des südlichen Jaila Gebirges. Geschätzt war auch ein aus Traubenresten hergestelltes Getränk, das man sinnigerweise als „Trösterschnaps" bezeichnete.

Die Krimdeutschen arbeiteten in den Städten Kertsch, Simferopol, Jalta, Feodosia und Sewastopol als Ärzte und Handwerker, Techniker und kaufmännische Angestellte. Zusammen mit den Bauern aus Kronen-, Zürich-, Lustig- oder Hoffnungstal,

Deutscher Hof in Alexanderfeld im Bezirk Eugenfeld/Taurien

Bruderfeld oder Neudorf lag ihre Zahl bei knapp 50 000 Personen.

Im Schwarzmeergebiet – in Siedlungen mit „kerndeutschen“ Namen wie Kassel, Köln, Berlin, Heidelberg oder Eigenfeld – wurde wie an der Wolga eine Mischmundart gesprochen. Trotzdem galten die Kolonisten ganz allgemein – ausgeschlossen nur die Täufer – als „Schwoba“. Was sie taten oder auch nicht, waren dann eben „Schwobastückle“, „Schwobastreichle“ oder „Schwobasächle“. Die Mennoniten verwendeten ihr an Weichsel und Nogat erlerntes Platt, die Elsäßer in den katholischen Siedlungen um Odessa ihr Elsäßisch. Die Rheinpfälzer um Großliebental machten wie in der alten Heimat aus dem Fleisch ein Fleesch, die Südfranken bei Melitopol aus dem Kleid ein Klaaid, die Württemberger von Neu-Stuttgart aus dem Bruder einen Bruader und im badischen Rastatt, wo „hin un widder der Gockl verrecke tät“, waren „Krumbeera“ Kartoffeln. Frauen wurden ganz allgemein Weibsleit genannt, der Schwiegersohn war ein Tochtermann, der Cousin der Halbbruder und die Leicht war ein Begräbnis.

Auf dem Speisezettel der Kolonisten standen Spezialitäten wie Käseknepfle und Schupfnudle, Borschtsch, Siltfleesch, Stampfetz (oder Kartoffelbrei), Krebsschwänzschen (rakowjie schejki), das berühmte russische Paska oder Osterbrot, Rollkuchen und natürlich immer „Riebelle in der Frih, Riebele in der Zeit, Riebele, Riebele in aller Ewigkeit“. (Für Uneingeweihte: Riebele sind Bestandteil einer mit Milch oder Fleischbrühe angerührten Suppe). Die Mennoniten hatten aus der Herstellung des Zwiebacks geradezu eine Wissenschaft gemacht. Es gab einen eigenen Zwieback für Hochzeitsfeiern, einen weiteren für den Leichenschmaus und einen dritten, den man den Frauenvereins-Zwieback nannte.

Großliebental: Schwestern des Kranken-, Mutter- und Waisenhauses mit Propst Alber

Propst Alber aus Großliebental

Bis zu den großen Reformen von 1860 bis 1880 waren alle ausländischen Siedler in Rußland vom Wehrdienst befreit, mit der Abschaffung von Privilegien dieser Art verließen dann bis 1889 zahlreiche deutsche Kolonisten das Land. Während der Russifizierung wurden russische Landvögte – Semski Natschalniks – in die Dörfer gesetzt, sollte gerade auch das ländliche Rußland mehr und mehr den Russen gehören. 1887 wird der Landbesitz von reichsdeutschen Kolonisten in 21 Gouvernements verboten, deutsche Gutsverwalter dürfen nicht mehr angestellt werden. Ausgenommen sollte jeweils nur sein, wer als deutscher Kolonist russischer Staatsangehörigkeit auch zum orthodoxen Glauben übertrat. Während der ersten Revolution (1905) waren die russischen Bauern dann auch so weit aufgeklärt, daß sie den deutschen Landbesitz für den ihren hielten.

1914 besaßen die Schwarzmeerdeutschen – eingeschlossen die Deutschen im Nordkaukasus und am Don – eine Landfäche von der Größe Elsaß-Lothringens, Badens und Württembergs. Auf 209 Mutterkolonien waren im Laufe eines Jahrhunderts über 2000 Tochterkolonien gekommen. Durch die Liquidationsgesetze des Ersten Weltkriegs sollte deutscher Grund und Boden dann enteignet werden, eine Entwicklung, die durch die bolschewistische Revolution zum Großteil aufgehalten wurde. Nach der Proklamation der Ukrainischen Volksrepublik (1917) und dem Einmarsch deutscher und österreisch-ungarischer Truppen in die Ukraine standen die Rußlanddeutschen vorübergehend unter dem besonderen Schutz Berlins. Die deutschen Bauern, Handwerker und Gutsbesitzer dankten „Seiner Majestät dem deutschen Kaiser und der Obersten Heeresleitung … für die Befreiung aus schwerster Gefahr“ und stellten ihnen zusammen mit der Kriegsanleihe von rund 60 Millionen Goldmark alle vorhandenen Vorräte etwa an Schlachtvieh oder Butter, an Wolle und Eiern zur Verfügung.

Ein deutscher Soldat beschrieb das Zusammentreffen mit Landsleuten in der Ukraine: „Die Menschen reden wieder uns're Sprache/und laden uns an ihren Tisch./Ein wenig Heimat faßt uns unter ihrem Dache/und macht uns nach dem heißen Marsche frisch./Die Schwalben segeln pfeilschnell durch die Straßen/und nisten unter'm trocknen Scheunendach./Wenn wir zum Gruß die schwielen Hände fassen/ist uns, als käme schon der deutsche Bauer nach./Die Dörfer tragen deutsche Namen,/die Höfe zeigen deutsche Bauernart./Die kühnen Züge mancher Dörfler mahnen/an ihrer Ahnen kühne Ostlandfahrt ..."

1917 war es in Odessa zur Gründung des „Allrussischen Bundes russischer Deutscher" gekommen. In den deutschen Kolonien Südrußlands gab es verschiedene Strömungen, die für eine geschlossene Rückwanderung nach Deutschland oder für die Errichtung einer Kolonie Krim-Taurien unter dem Schutz Deutschlands plädierten. Berlin, das in den Kolonisten einen politischen wie wirtschaftlichen Faktor zu seinen Gunsten in Rußland sah, zeigte jedoch wenig Interesse.

1918 bis 1920 herrschte der Bürgerkrieg, gefolgt von der großen Hungerkatastrophe. Der Abzug der deutschen Truppen aus der Ukraine hatte ein Vakuum hinterlassen, in das die mit deutschen Selbstschutzeinheiten verstärkte Weiße Armee vorstieß. Trotzdem konnten einzelne Banden wie die Horden des Bauernführers Machno mit der Losung „Diktatur des Proletariats" den deutschen Siedlungen schwerste Verluste zufügen. Und nach der Eroberung des Gebiets durch die Rote Armee, der besonders die Selbstschutzeinheiten der Kutschurganer und Liebentaler Deutschen heftigen Widerstand leisteten, sollte es zu massiven Vergeltungsschlägen gegen jene Kolonisten kommen, die mit den Weißen sympathisiert hatten. In Karlsruhe nordöstlich von Odessa, dessen Gymnasium als „Glanzpunkt in der Kulturentwicklung des Beresans" galt, wurden – um nur ein Beispiel unter vielen herauszugreifen – alleine

Karlsruhe bei Odessa: Haus eines wohlhabenden Bauern mit dem typischen „Vorderhäuschen"

Ortseinfahrt von Halbstadt/Taurien

Wochenmarkt in einem deutschen Dorf am Schwarzen Meer, um 1933

1919 von den Roten 85 Männer und 2 Frauen ermordet. Das Jahr 1920 folgte mit der neuen Agrareform, 1921 mit einer verheerenden Hungerkatastrophe.
Erst 1923 begann in den ehemaligen Gouvernements Taurien, Cherson, Jekaterinoslaw oder Charkow wieder ein langsamer wirtschaftlicher Aufstieg. Als eigenständige Gebiete im Sinne einer Autonomie entstanden Landstriche mit einem verhältnismäßig hohen Prozentsatz von Deutschen wie um die Siedlungen Karlsruhe, Landau, Worms und Speyer nordöstlich von Odessa, in Taurien um Berdjansk und Melitopol und in Nordkaukasien.
1923 war ein „Verein der deutschen Kolonisten, die gleicher Abstammung sind, eine Sprache, Sitte und Kultur besitzen“ mit dem Namen „Kolonist“ ins Leben gerufen worden. Ihm schlossen sich schon bald rund 50000 Deutsche an. Ziele der Vereinigung waren unter anderen, „die Landwirtschaft und die landwirtschaftliche Industrie zu vervollkommnen, die Entwicklung seiner Mitglieder in gesundheitlicher und

In Odessa, der Handels- und Vielvölkerstadt von Weltruf

Odessa, Zentrum der deutschen Kolonien Südrußlands: das Opernhaus

kultureller Hinsicht zu fördern, musikalische und künstlerische Schulen, Turnvereine, Kindergärten und Kinderheime zu eröffnen, literarische und gymnastische Abende zu veranstalten..."
Wie an der Wolga setzte mit Stalins Fünfjahresplan von 1928 ein verstärktes Tempo der Sozialisierung ein. Durch eine brachial erzwungene Industrialisierung, die Kollektivierung der landwirtschaftlichen Betriebe und das „Kulakenlegen", ging den deutschen Bauern ein Großteil ihres Landbesitzes, ihr nationales und religiöses Eigenleben verloren. Der ursprüngliche Unterschied in der wirtschaftlichen Struktur zwischen den Wolga- und den Schwarzmeerdeutschen verwischte. Ein besonders hartes Schicksal traf dabei die Mennoniten, die den Machthabern als Deutsche, als Kulaken und als Anhänger einer äußerst ungelegenen Glaubensrichtung gleich mehrfach Angriffspunkte boten. Der Massenflucht der Deutschen aus der Sowjetunion setzte die Regierung 1929 einen Auswanderungsstopp entgegen.

Im 1919 von der Roten Armee überfallenen Ort Karlsruhe im Beresan starben bei der zweiten großen Hungersnot 1932/33 dann mindestens 150 Personen, 137 Familien wurden 1937/38 zwangsverschickt. 1941 schöpfte die Restbevölkerung des Ortes beim Einmarsch deutscher Truppen noch einmal Hoffnung, 1944 wurde die Gemeinde Karlsruhe aufgelöst. Wer konnte, zog sich mit der Wehrmacht in den Westen zurück.

Mit Beginn des Zweiten Weltkriegs wurden die Schwarzmeerdeutschen östlich des Dnjepr nach Kasachstan, Tadschikistan und Kirgisien deportiert, deutsche Ortsnamen ersetzt. Sogenannte „Volksdeutsche", die westlich des Dnjepr wohnten, unterstanden nach dem Vormarsch der Wehrmacht dem Schutz des Deutschen Reiches. Dem Rückzug der Mittelmächte schlossen sich dann die meisten Schwarzmeerdeutschen aus diesem Gebiet in zwei großen Trecks mit zusammen über 350 000 Personen an, um vorerst Aufnahme in Schlesien, im Ostsudetengau und im Wartheland zu finden. Ein Teil davon zog Ende 1944 nach Sachsen und Thüringen. Die meisten jungen Männer wurden in die deutsche Wehrmacht eingezogen und kämpften auf allen Kriegsschauplätzen Europas. Nach Kriegsende deportierte die Rote Armee rund 250 000 Rußlanddeutsche aus Deutschland in den Gulag nach Sibirien, etwa 100 000 blieben in den drei westlichen Zonen, rund 20 000 wanderten in die USA und nach Kanada weiter.

Die genannten Karlsruher aus dem Beresan? Im Wartheland von der Roten Armee eingeholt, hat man sie nach Sibirien verschleppt.

Odessa: im evangelischen Waisenhaus

Deutsche Winzer im Südkaukasus, um 1938

Deutsche im Kaukasus

Viele Gründe standen dafür, daß eine Gruppe von Schwaben zu Beginn des 19. Jh. den Traum vom Ende der Welt und vom Beginn des tausendjährigen Gottesreiches träumte. Wenn Kometen am Himmel standen, der Wein in den Fässern gefror und Vögel tot vom Himmel stürzten, dann deutete dies auf den Tag des Jüngsten Gerichts. Als Platz für die damit verbundene Wiederkehr des Herrn im vorausbestimmten Jahr 1836 galt für die Schwaben eine gigantische Gebirgskette, die Landbrücke zwischen Kaspischem und Schwarzen Meer: eine Gegend mit dem Berg Ararat, wo nach biblischen Berichten die Menschheit einmal einen neuen Anfang genommen hatte.

Die Schwaben sahen es so auch nicht als einen Zufall, daß der südöstliche Kaukasus gerade von Russen erobert worden war, was Zar Alexander I., Sohn der württembergischen Prinzessin Sophie Dorothea, auf der Suche nach neuen Kolonisten einmal mehr nach Westen blicken ließ. Seine Einladung „zwecks Verbreitung und Vervollkommnung der Landwirtschaft und ihrer Verzweigung durch das eigene Beispiel" ging jetzt besonders auch an schwäbische Kolonisten. Er garantierte ihnen für Obst- und Weinbau geeignetes Land, daneben Steuer- und Militärbefreiung und Gewissensfreiheit. Alexander I. sollte dafür in entsprechenden Schwabenkreisen schnell als „Stern des Ostens" gelten, im Rahmen der apokalyptischen Vorstellungen gar als „König David, der die Seinen in das Land Gosen (gleich Grusien im Kaukasus – d. A.) bringt".

Die Not der Napoleonzeit in Erinnerung, Truppenaushebungen, Mißernten, innere Wirren und religiöser Unfrieden, gepaart mit der Angst vor einer neuen Sintflut, lassen 1816 40 Familien aus der Schwaikheimer Separatistengemeinde zu Alexanders Angebot greifen. Unter Führung der Herren Gottlieb Löffler und Adam

Nachbarn der deutschen Siedler: Mohammedanische Georgierinnen

Schüle versammeln sie sich in Ulm und ziehen von dort gen Osten. Einige bleiben in der Nähe von Odessa hängen, die übrigen gründen im wilden Kaukasus die Kolonie Marienfeld in der Nähe von Tiflis.
Zurück in Deutschland entstehen jetzt sogenannte „brüderliche Auswanderungsharmonien der Kinder Gottes". 1817 kommen 1500 Familien mit über 5000 Kindern auf Ulmer Zillen die Donau herunter. Manche Kolonisten bleiben unterwegs zurück, eine Fieberseuche beim Eintreffen in Rußland rafft 1200 Personen dahin. Ganze Familien sterben aus, nur etwa die Hälfte der Gruppe erreicht Odessa. Ein Teil der Schwaben wird in den Bezirken Taurien und Cherson und in Bessarabien angesiedelt, es entstehen Kolonien wie Stuttgart, Töplitz, Friedrichstal, Waterloo, Güldendorf, Johannestal und Hoffnungstal. Die meisten Wanderer wollen jedoch nicht von „Gottes heiliger Sache abfallen" und ziehen unter großen Mühen in den Kaukasus weiter, um sich den Schwaikheimern anzuschließen. Dort leben dann die Aicheles aus Biesingen, die Auchs aus Echterdingen oder die Bosslers aus Upfingen in Siedlungen mit den Namen der Romanows wie Annen-, Katharinen-, Marienfeld, Alexanders-, Helenen- und Petersdorf oder in Neutiflis und Elisabethtal, das seit dem Elisabethtag des Jahres 1818 bezugsfertig war.
Über die Gründung Alt-Katharinenfelds schreibt ein Kolonist nach Württemberg zurück: „Dort angekommen auf einem kahlen Lande, der Winter vor der Tür, kein Obdach, kein Brot, 5 Pferde und dazu kein Stall und kein Futter! Ach, da wurde das Gottvertrauen geprüft! Als die Kolonie und die Hausplätze verlost waren, machten wir uns an die Arbeit. Ich und ein anderer junger Mann bauten eine Erdhütte und einen Backofen darin, wo wir den Winter über warm und bequem zu wohnen hatten. Frucht und Brot konnten wir von den Tataren kaufen, Holz durften wir im nahen Wald holen, soviel wir wollten. Aber die armen Pferde mußten den Winter über Tag und Nacht ohne Hirten auf der Steppe umher nach Futter suchen. Viele von uns wohnten während des Winters in Hütten, die von umgebogenen Rohrstäben gemacht und mit einem Filzteppich bedeckt waren, wo es wegen des Rauches nicht angenehm zu wohnen war. So wurde endlich das Gemeinwesen geordnet

und eine große Hütte zum Gottesdienst und zur Schule aufgerichtet. Geistliches und weltliches Regiment waren schon im Anfang gewählt und von der Regierung bestätigt worden. Der ersehnte Frühling kam; es wurde aller Orten gesät und gepflanzt, auch Weingärten wurden angelegt. Alles wuchs in herrlicher Pracht und üppiger Fülle heran. Aber kaum hatte der Sommer begonnen, so brachen schon Krankheiten mancher Art herein, und bis in den August traf man nur hier und da einen, der noch gehen konnte. Gesund war niemand mehr. Die Sterbefälle wurden immer häufiger, so daß wir wohl einsahen, daß wir an dieser Stelle nicht bleiben konnten." Unter diesen Umständen – durch Krankheiten starb in den ersten 2 Jahren die Hälfte der Ansiedler – kam es zur Gründung Neu-Katharinenfelds.
Die Schwaben im Südkaukasus leben jetzt – wenn man den Grat des Gebirges als Grenze zwischen Europa und Asien sehen will –, in den ersten geschlossenen deutschen Siedlungen Asiens, in Nachbarschaft von Armeniern, Tataren, Türken, Persern oder Georgiern. Schnell stellen sich auch hier ernste Probleme ein. Die mohammedanischen Völker, die sich dem Zaren nicht unterwerfen wollen, überfallen die deutschen Dörfer. Manche Siedlungsplätze wie das erwähnte Katharinenfeld, aber auch Annenfeld auf dem linken Ufer des Schamchorflusses, sind falsch gewählt. Malaria, Dysenterie und Hitzschlag fordern ihren Tribut. Nach einem Kolonistenwort nimmt „das Sterben kein Ende mehr".
1826 dringen die Perser in Grusien ein, die lokalen Tataren schließen sich ihnen in Mohammeds Namen an. Die Bewohner Annenfelds können sich rechtzeitig nach Tiflis retten, ihr Dorf wird jedoch zerstört. Die Katharinenfelder dagegen werden beim Gebet von einer Allianz aus Türken, Persern, Kurden und Tataren überrascht: „Tausend Teufel tobten wild auf der Straße. Höllisches Schießen und Morden war ringsumher, Schreien, Klagen und Jammern erfüllen die dumpfe Luft. Und durch der Hölle ungezähmtes Toben läutete, wie von selbst, geheimnisvoll die Glocke des Bet-

Schwäbisches Wohnhaus in Helenendorf

Transportfässer im Böttcherhof in Helenendorf

hauses... Der Schulmeister Bube wurde von einem Kurden mit der Lanze an die Wand gespießt, im Handumdrehen wurden 20 Personen erschlagen. Wer sich nicht retten konnte, wurde in die Gefangenschaft geführt. Mit Stricken band man die Gefangenen zusammen und trieb sie wie eine Viehherde vor sich her. Die Kleider wurden ihnen vom Leib gerissen. Kinder wurden paarweise aneinander gekoppelt und zu beiden Seiten der Pferde, einer Traglast gleich, befestigt oder mit ihren Müttern wie Warenballen auf Pferde geladen. Tagelang blieben die Gefangenen ohne Speise und Trank. Je höher es ins Gebirge hinauf ging, desto entsetzlicher wurde das Elend dieser Armen..." (Bericht von Friedrich Schrenck). Bei diesem Angriff waren 40 Personen getötet und über 100 in die Sklaverei verschleppt worden.
Der Kolonist Johannes Mayer aus Walddorf / Kreis Tübingen schildert einen dieser Überfalle, um dann fortzufahren: „Mein liebes Weib und meine Schwester, / die wurden beide weggeführt. / Ja, nimmermehr ist meine Schwester / von dort zu mir zurückgekehrt. / Mein Weib war in der Türkei / bis Gott sie machte endlich frei. / Zwei Jahr drei Monat war sie Sklavin / in Angst und Elend Tag und Nacht. / Ach freilich, das sind harte Strafen, / so lange in Gefangenschaft! / Wie schwer muß einem Christen sein / bei Mohammed im Halbmondschein."
1830 – die Kolonien entstanden langsam wieder aus der Asche des Krieges – bricht die Cholera aus. 1855, als der russisch-türkische Krieg die Kolonisten in große Aufregung versetzt, haben die Schwaben aus ihrem Schicksal des Jahres 1826 dann einiges gelernt: In Helenendorf stellt man drei Kanonen zur Abschreckung des Feindes auf (der nicht wissen konnte, daß alle drei aus Holz waren).
1819 macht sich in der Heimat eine weitere Kolonne auf den Weg, um dem Königreich Jesu entgegenzugehen. Die Reichenbacher, Grunbacher und Winnender versuchen es auf der Landroute, doch die Russen verbieten ihnen die Ansiedlung im Kauka-

sus, worauf man sich nördlich des Asowschen Meeres, zwischen Molotschna und Berda, niederläßt. Der letzte Schwabenzug verläßt 1820 Deutschland. Die Auswanderer gründen die Kolonie Sarata in Bessarabien.

In den beiden späteren Republiken Aserbaidschan und Georgien lebten vor dem Ersten Weltkrieg rund 21 000 Deutsche: 3000 in Tiflis und 4000 in Baku, der Rest in 27 Kolonien in den Bergen des Kaukasus mit einem Landbesitz von 46 000 Hektar. Man war in erster Linie Wein-, danach auch Obstbauer. Wer außerhalb des Weinklimas wohnte, befaßte sich mit Viehzucht oder mit der Verarbeitung landwirtschaftlicher Produkte, darunter der weitbekannte „schwäbische" Schweizer Käse. In den Wintermonaten verschrieben sich die Bauern einem Handwerk, waren Zimmerleute, Drechsler, Schmiede, Schlosser oder Tischler.

1928 etwa ernteten die Kaukasusschwaben mit 184 363 Hektoliter Wein ein Elftel der gesamten russischen Produktion. Die Weinbauern erzielten pro Hektar rund 110 hl, im Gegensatz zu Deutschland, wo auf jeden Hektar ganze 18 hl kamen. Als Weinpioniere galten die beiden Familien Vohrer und Hummel in Helenendorf. 1905 entstand dort die Winzergenossenschaft Konkordia mit bald rund 200 Verkaufsstellen in allen größeren Städten Rußlands. Im Rahmen der Sowjetisierung schlossen sich alle deutschen Weingärten und Kellereien Aserbaidschans im Sinne einer Nationalisierung zur „Genossenschaft der Werktätigen" zusammen. Kulturell äußerst aktiv, garantierten die Weinbauern neben einem guten Tropfen den Unterhalt der Helenendorfer Oberrealschule. Zurück in den Bergen galt es übrigens auch zu diesem Zeitpunkt noch als eine ganz besondere Schande, wenn sich ein Kaukasusschwabe mit kaukasusschwäbischem Wein betrank!

Neben der Traube und allem was daraus werden konnte – außer Wein ein Weinbrand, Weintrester, Roh- und Feinsprit, eine Weinhefe, Weinsteinsäure, weinsteinsaurer Kalk und selbst noch Druckerschwärze – spielte das Handwerk nun eine verstärkte Rolle. Darunter der Wagenbau von Helenendorf: Der typische

Blick auf Katharinenfeld (von den Sowjets später umbenannt in Luxemburg), um 1920

Pastorat in Katharinenfeld

Schwäbinnen aus Annental, 1914

„schwäbische Leiterwagen“ fand reißenden Absatz in den tatarischen Dörfern und in Städten wie Tiflis.
Gesprochen wurde von den Kolonisten natürlich schwäbisch. Ein Kaukasusschwabe war stolz auf seine „Grütz em Kopf“, nach einer Feier hatte er „geschla“, er machte sein Feuerle, nannte die Großeltern Äle und Ahne, hatte Kender und Kendskender und blieb bis ans Ende seiner Tage Lutheraner. „Wann oaner auf ra Musik gschpielt hot“ wurde auch im fernen Kaukasus gerne getanzt, doch hin und wieder kamen dazu nur die Männer zusammen. „D'Madla hent därfa zugucka, denn wenn dia no tantz hätte, no wäre se doch as da leabech zom Teufl komma“.
Die Schwaben hatten selbst nach Aufgabe ihrer separatistischen Neigungen äußerst wenig Kontakt mit ihren Nachbarn. Von ihnen war lediglich Kulinarisches übernommen worden – die Kohlsuppe Borschtsch, der Spießbraten Dolma oder tatarisches Ploff, eine Reisspeise mit Rosinen –, was dann zusammen mit Spätzle oder Knöpfle auf dem Speisezettel stand. Der Einfluß der Siedler auf ihre Umwelt konnte trotz aller Isolation aber nicht übersehen werden: Vor dem Ersten Weltkrieg war an georgischen Volksschulen Deutsch selbst noch auf dem Lande ein Pflichtfach.
Otto Klooß schreibt in seinem „Lied der Kaukasusdeutschen“: „Wo Sonnenglut und ew'ger Schnee / sich fast die Hände reichen, / wo reb'umschlung'ne Lorbeerbäum' / hinaufschaun zu den Eichen, / wo Büffel und Kamel / die Lasten keuchend schleppen, / dort liegt manch deutsches Heim / auf Höfen wie in Steppen. / Wo Perser und Armenier / sich im Handel überlisten, / wo Kurd', Tscherkesse und Tatar / als Räuber heimlich nisten – / dies Land vom Kaspi-See / und Schwarzen Meer umschlungen, / hört manches deutsche Lied, / aus deutscher Brust gesungen … Erschalle, Lied, und sei mein Gruß! / Sollst deutschen Brüdern sagen, / daß auch im fernen Kaukasus / noch deutsche Herzen schlagen! / Mocht auch des Schicksals Hand / weit von der Heimat treiben, / wir sind von deutschem Stamm / und werden's ewig bleiben.“
1917 stellten die Kaukasusdeutschen aus ihren Reihen das „Kaukasus-

deutsche Jägerregiment“, das erste Freikorps des Weltkriegs. Die Gemeinden und Stadtkolonien litten vorerst relativ wenig unter Krieg und Revolution, konnten sich auch wirtschaftlich im Verhältnis zu den Landsleuten in der Ukraine oder im Wolgagebiet verhältnismäßig gut halten. Bis zum Zusammenbruch des deutschen Kaiserreiches und dem Abzug der deutschen Truppen aus der Ukraine war eine Stabilisierung der Gemeinden durchaus erkennbar. Mit dem Einmarsch der Roten Armee sollte sich die Lage drastisch ändern. Die Deutschen Süd- oder Transkaukasiens mit ihren Mutterkolonien aus Württemberg fielen nach dem Ersten Weltkrieg an verschiedene Staaten. Zu Georgien gehörten die um Tiflis lagernden Siedlungen Alexandersdorf, Katharinenfeld, Marienfeld, Elisabethtal und Freudental. Das südlich von Kars gelegene Petrowka ging an die Türkei, die übrigen deutschen Ortschaften, darunter das wohlhabende Helenendorf, kamen zu Aserbaidschan.

Hauptsitz der Deutschen war die alte georgische Hauptstadt Tiflis an der Kura mit dem der Stadt nahegerückten Alexandersdorf. Hier am Südrand des russischen Reiches hatte eine kleine deutsche Gemeinde bereits zu Beginn des 19. Jh. ihr erstes Gotteshaus errichtet. Mit der Gründung von Neu-Tiflis und der Westgruppe der Schwabenkolonien war dem Deutschtum dann eine neue Rolle zugewachsen. Die meisten Einwanderer lebten allerdings in Baku am Kaspischen Meer – 1881 mit Kirchenschule und Bethaus, ab 1924 mit einem deutschen Schulverein –, kleinere Gruppen in Batum und Kutais. Nach der Großen Revolution gab

Kaukasische Post

Erscheint jeden Sonntag.

Einzige deutsche Zeitung des Kaukasus: Anzeigeorgan für Cis- und Transkaukasien, Trans-Kaspien, Süd-Russland und Persien.

Bezugspreis: in Tiflis 5 Rubel jährl. (1 Rbl. 25 K. viertelj.), im übrigen Rußland 6 Rbl. jährlich, (1 R. 50 K. viertelj.), im Deutschen Reich 4 M., in Oesterreich-Ungarn 4 Kr. 80 H, in der Schweiz 5 frs vierteljährlich bei freier Zusendung. **Preis der Einzelnummer 15 Kop.**

Anzeigenpreis: die einspaltige Petitzeile oder deren Raum kostet vor dem Text 20 Kop., im Anzeigenteil 10 Kop. Bei Wiederholung Ermäßigung.

Die Redaktion befindet sich Grafskaja No. 5. Sprechstunde Werktags von 10—1 Uhr morgens.

Drahtadresse: **Kaukasuspost.**

Annahme von Bestellungen, Bezugsgeldern und Anzeigen: **Tiflis**, in der Redaktion. **Baku**, bei Herrn Missionar Schwalbe, Telefonnaja Nr. 19. **Helenendorf**, bei Herrn Lehrer G. Reitenbach. **Katharinenfeld**, beim „Konsumverein“ und im Magazin des Herrn Joseph Allmendinger. **Elisabetntal**, bei Herrn Gemeindeschreiber Dirk. **Marienfeld**, bei Herrn Ludwig Philippi. **Georgiewskoje**, bei Herrn Lehrer J. Reich. **Annenfeld**, bei Herrn Lehrer Bloch. **Nikolajewska bei Chassaw-Jurt**, bei Gebr. Töws, Buchhandlung. **ChassawJurt**, bei G. Holzke. **Anapa**, bei J. Buch. **Riga**, bei E. Bruhns, Buchhandlung. Deutsches Reich: Beim Deutschen Kolonial-Verlag (G. Meinecke) Berlin W. 30.

Anzeigen werden entgegengenommen in der Redaktion der „Kauk. Post“, Tiflis, Grafskaja Nr. 5, beim Handelshause L. u. E. Metzl u. Comp., Moskau, Mjasnitzkaja, Haus Ssitow, und in seinen Filialen: St. Petersburg, Morskaja 1. Warschau, Krakauer Vorstadt 53. Lodz. Paris. Place de la Bourse 8. Berlin, Fasanenstraße 72/73, ferner beim Deutschen Kolonial-Verlag (G. Meinecke) Berlin W. 30, Neue Winterfeldt-Str. 3a und Invalidendank, Berlin W. 64, Unter den Linden 24. Kostenvoranschläge und Probenummern frei.

№ 15. Tiflis, den 1./13. Juli 1912. 7. Jahrgang.

Inhalt: 1) Leitspruch. 2) Unsere Kirchenschule. 3) Inland. 4) Ausland. 5) Nachrichten aus dem Kaukasus. 6) Zum Apostolikumstreit in der evangelischen Kirche Deutschlands. 7) Sprache ohne Worte (Fortsetzung.) 8) Handel, Gewerbe und Verkehr (Das Teppichgewerbe im Gebiete Kars.) 9) Landwirtschaft und Gartenbau (Vorschläge zur Sicherung der Rentabilität des Baumwollbaues in Transkaukasien.) 10) Der Turmbläser. 11) Jeremias Gotthelf. 12) Elsi, die seltsame Magd. 13) Büchertisch 14) Kirchliche Nachrichten; a) Tiflis. b) Baku. 15) Bunte Ecke.

Die „Kaukasische Post“: eine Zeitung für deutsche Siedler im Nord- und Südkaukasus, 1912

es einen „Verband der Deutschen in Georgien“, als einzige nichtkommunistische Zeitung erschien die „Kaukasische Post“, um erst 1922 den Unabhängigkeitsbestrebungen der Georgier und den dagegen ankämpfenden Bolschewisten zum Opfer zu fallen. Während des Georgischen Aufstands von 1924 sollte es zu schweren Ausschreitungen besonders gegen die deutsche Intelligenz in den Städten kommen.

Im Jahre 1935 wurden aus den Kolonien Annental und Helenendorf 600 Personen unter dem Vorwurf der Spionage nach Karelien verschickt. Mit Beginn des deutsch-sowjetischen Krieges werden alle Deutschen aus dem Südkaukasus – rund 25 000 Personen – deportiert. Der größte Teil von ihnen landet in der Wüste südlich vom Balschachsee am Fluß Illi und in der Gegend westlich von Alma-Ata.

In Nord- oder Ziskaukasien erstreckten sich die Tochterkolonien aus dem Schwarzmeer- und Wolgagebiet vom Asowschen und Schwarzen bis zum Kaspischen Meer. Verwaltungsmäßig gehörten sie zum Terek- und Kubangebiet und Gouvernement Stawropol (heute Woroschilowsk).

Nach der Eroberung des Gebiets durch die Russen hatte der Zarenhof besonders die landarmen Wolgadeutschen für die Ansiedlung interessiert, indem er ihnen die gleichen Privilegien zusicherte, die einst Katharina II. ihren Vätern zugestanden hatte. Auch hier mußten die Kolonisten eine Ackerbaukultur erst einführen, daneben ständig einen Schutzwall gegen angriffslustige Völker wie Tschetschenen, Tataren, Tscherkessen und Kalmücken bemannen. Ende der dreißiger Jahre des 19. Jh. trafen die ersten deutschen Bauern von der Wolga ein und gründeten – durch ständigen Zuzug verstärkt – Kolonien wie Bethanien und Nikolajewka bei Pjatigorsk, Kana bei Prochladnoje, Alexander-

Lehrerkonferenz in Marienfeld/Südkaukasus

Weinlese im Südkaukasus

dorf bei Naltschik oder Michaelsdorf bei Wladikawkas. Ab 1860 siedelten Bessarbiendeutsche in der Gegend von Jekaterinodar (Krasnodar) und Deutsche aus Taurien am Fluß Kuban. Bauern aus Halbstadt und Gnadenfeld/Molotschna kauften sich im Terekgebiet am Sulakfluß ein, Kolonisten aus Bayern zogen nach Lindau bei Suchum-Kale und nach Gnadenfeld bei Mosdok.

Die Gründe für die Wanderung – soweit sie die Rußlanddeutschen betrifft – lagen auf der Hand: In den Wolgakolonien war das Land, das sich immer im Besitz der Gemeinden befand und unverkäuflich war, äußerst knapp geworden, im Schwarzmeergebiet blieben durch das angewandte Erbrecht, das die Wirtschaften nur einem einzigen Sohn zusprach, viele Familien landlos. Im Nordkaukasus waren Grund und Boden dagegen noch billig zu erwerben. Wenn die absolute Mehrheit der deutschen Kolonisten sich der Neubesiedlung dann auch aus wirtschaftlichen Gründen anschloß, konnten bei einer Minderheit wiederum religiöse Beweggründe nicht gänzlich übersehen werden. Bestand hier doch die Aussicht, in „Bergungsorten“ auf jungfräulichem Boden noch relativ ungestört von den Sünden der Welt leben zu können. Zusammen mit Herrnhuter Brüdern kamen dann Templer oder Jerusalemfreunde, Baptisten, Adventisten, Brotbrecher, Evangeliumschristen und immer wieder auch Mennoniten, die sich von den eigenen Brüdern geistig getrennt hatten. 1914 lebten im Terekgebiet rund 3400 Deutsche in 25 Dörfern, im Kubangebiet 8000 in 17 und im Gouvernement Stawropol 10 300 in 23 Dörfern. Ihr Schicksal ähnelte dann jenem der Deutschen an der Wolga oder am Schwarzen Meer. Allerdings hatte kein anderes Gebiet zu diesem

Deutsche Winzer in Katharinenfeld, um 1920

Zeitpunkt noch so schwer unter den Angriffen raublustiger Völker zu leiden. Alleine 1917/18 überfielen Tataren deutsche Siedlungen wie Marianowka, Waterloo und Pretoria, drangen Nogaier in Müdelburg ein, Tauliner in Ostheim...

Im Ersten Weltkrieg kämpften die Kolonisten in der russischen Armee oder füllten die Arbeitskolonnen zum Bau von Eisenbahnen und Befestigungsanlagen. Der bolschewistischen Oktoberrevolution folgten Bürgerkrieg, Enteignung, Hungerjahre, Entkulakisierungs- und Kollektivierungspolitik. Noch vor dem Einmarsch der deutschen Truppen in den Nordkaukasus im Zweiten Weltkrieg wurden nahezu alle Rußlanddeutschen aus diesem Gebiet nach Mittelasien und Sibirien zwangsverschickt. Im Nordkaukasus gab es danach keine deutschen Dörfer mehr.

Bessarabien

„Kennt ihr das Land, wo die Akazien blühn, / im Feld der Mohn, die Sonnenblumen glühn, / wo sanft wie rauh geschäft'ge Winde wehn, / und Pappeln schlank auf Rebenhügeln stehn? / Kennt ihr das Land, wo die Arbuse reift, / wo winters durch das Dorf der Wolf noch schweift? / Und durch die Steppe, durch die Dörfer hin, / so unstet noch wie einst Zigeuner ziehn? / Kennt ihr das Land, das zwischen Dnjestr und Pruth / hier unter weitem, blauen Himmel ruht, / da weit hinunter bis zum Schwarzem Meer / im Wind die Ährenfelder wogen schwer? / Es ist das Land, das so unendlich reich, / des Frühjahrs oft dem Paradiese gleich, / das Land des Weizens, Welschkorns und des Weins- / es ist unser Bessarabien: sonst keins…“

Noch am selben Tag, an dem die Reicherts aus Brettach bei Heilbronn, die Reins aus Nürtingen oder die Müllers aus Fellbach im Osten angekommen waren, konnten sie sich davon überzeugen: Ein „besseres Arabien“ war Bessarabien nicht. Die endlos weite, unbewohnte Steppe unterlag dem Vergleich mit vielem, was die Kolonisten erwartet hatten. Seinen Namen hatte das wichtige Durchgangsland zwischen dem 30. und 26. Längen- und dem 45. und 48. Breitengrad, gerahmt von Pruth, Dnjestr, Donaumündung und Schwarzem Meer, viel glaubwürdiger so auch durch die walachische Dynastie Basarab erhalten.

Im Jahre 1812 fällt Bessarabien durch den Bukarester Frieden von der Türkei an Rußland, schon 1813 entscheidet sich Zar Alexander I. für die Besiedlung des südlichen Teils der Steppe – des sog. Budschak – durch Deutsche aus dem bäuerlichen und handwerklichen Stand. 1814 beginnt die Gründung der Kolonien in einem geschlossenen Gebiet an der Grenze Moldawiens. Die ersten deutschen Siedler kommen zum Großteil aus Polen, aus der Gegend von Warschau, Lodz und Kalisch… sind sog. Weiterwanderer. Ihnen folgen Württemberger, Bayern aus Schwaben, Mecklenburger, Rheinländer, Badener, Pfälzer und Rußlanddeutsche. Das größte Kontingent stellen dabei schon bald die Kolonisten aus Württemberg, dort hauptsächlich aus den Gebieten Neckar-Erms, Neckar-Rems und aus dem oberen Nagoldtal im

Albert Mauchs „Bessarabisches Heimatlied“

Schwarzwald. 1812–34 gelten in Württemberg generell als Auswanderungsperiode, rund 40 000 Personen verlassen das Land. Die Gründe dafür liegen auf der Hand: Wirtschaftskrisen, hohe Steuern, Arbeitslosigkeit, Hungerjahre, Rekrutenaushebungen und religiöse Unruhen.
Auf dem Weg nach Osten wählten manche Auswanderer mit Fuhrwerken, selbst Schubkarren, die Landroute, während andere auf schrecklich überfüllten Ulmer Zillen die Donau abwärts zogen. Dazu hatten sich etwa die Schwaben bereits in Stuttgart Pässe ausstellen lassen... russische Pässe, die jeweils auf den Namen des Führers einer „Harmonie" ausgestellt waren. Damit stand eine Auswanderergruppe unter dem Schutz der russischen Regierung, worauf Länder, durch die man reisen mußte, „keinen Anstand" mehr an ihrem Vorhaben nehmen konnten.

Brunnen in der ab 1814 von Deutschen besiedelten bessarabischen Steppe

Deutsche Bauern beim Pflügen der fruchtbaren Schwarzerde

Hof bei Sarata in Bessarabien mit Gänseherde. Sarata, 1822 von dem katholischen Pfarrer Lindl aus Bayern gegründet.

Bei der Ansiedlung in Bessarabien erhielten die Deutschen pro Familie 60 Deßj. Land, auf denen sie jene Rundhölzer in die Erde rammten, die mit Strauchwerk ausgeflochten und mit Lehm verschmiert das Baumaterial für die ersten Behausungen – die sogenannten Kronshäuschen – stellten. Die Siedlungen lagen in den Talsohlen der Steppenflüsse, die sich in den weichen Lößboden geschnitten hatten. Schnell ging man daran, den Urwasen zuerst mit dem hölzernen, später mit dem eisernen Sterz aufzureißen. Bis 1842 wurden 25 Kolonien mit rund 10 000 Personen gegründet, die mit wenigen Ausnahmen alle evangelisch-lutherisch waren.

Lediglich in Krasna wohnten katholische Siedler aus Bayern und der Pfalz. Nach Schaba hatte es vorwiegend reformierte Schweizer gezogen und in den separatistischen Hoffnungstal-Distrikt Protestanten, die sich von der Lutherischen Kirche getrennt hatten. Wie die Mutter, so später auch die Töchter: als Krasna für die Siedler zu klein wurde, legte es zusammen mit den Söhnen Kutschurganer Kolonisten die – rein katholischen – Tochterkolonien Balmas, Emmental und Larga an. Das Land war jedem als Eigentum zugeteilt, konnte aber nur mit Zustimmung der Gemeinde verkauft werden. Diese ließ dann nie zu, daß Grund und Boden an Fremde gingen.

Wie bei jedem Siedlungswerk lieferten die Bezeichnungen der deutschen Gemeinden in Bessarabien gewisse Hinweise auf die Gesinnungsart der Kolonisten. Geprägt von den Kriegsereignissen gaben die frühen Siedler einer Reihe von Ortsgründungen Namen, die sich mit Napoleons Kriegen und seinen großen Schlachten in Verbindung bringen ließen: darunter Tarutino (1814 als Elizabeth gegründet, in Erinnerung an den Sieg der Russen bei Tarutino umbenannt), Leipzig (gegr. 1815), Beresina (1816) und Paris (1816). Andere Ortsnamen waren „echt deutsch“ wie Lichtental, Friedenstal, Gnadental, Neu-Stuttgart oder Wittenberg, später auch Kornfeld oder Eigenfeld. An wiederum anderen Plätzen – der Landbesitz mußte schon bald verdoppelt werden – kam Fremdländisches wie Basyrjanka oder Alexandrowka hinzu.

Die Kolonisten waren stammesmäßig

bunt gemischt: Nach Borodino etwa (gegr. 1814) zog es 64 Familien aus Württemberg, 22 aus Mecklenburg, 18 aus Westpreußen, 9 aus Baden und 2 aus Sachsen. Gesprochen wurde dann auch eine Mischmundart: in 15 der Mutterkolonien oberdeutsch, in 7 niederdeutsch, in je einer mitteldeutsch und ostmitteldeutsch. Eine Ziehharmonika war bei den einen eine Harmoschka, bei den anderen ein Blosbalken, bei den Dritten eine Blosbalje. Pateneltern wurden Dota und Döte gerufen, das Kind selbst Dötle. Wer aufs Maisfeld fuhr, ging zur „Bauerei ins Welschkornstückla". Zu den gebräuchlichsten Redensarten zählten schnell das schwäbische „Schaffe, schaffe" und „'s wurd schau gau!" ...
„Es wird schon gehen", auch wenn es in Bessarabien manchmal den Anschein hatte, daß einfach nichts mehr ging. Das Klima war kontinen-

Markttag in Tarutino

Straßenansicht von Gnadenfeld

Bäuerin aus Katzbach am Spinnrad

Weinprobe in Schabo

tal, jedoch herrschten heiße Sommer und kalte Steppenwinter mit unberechenbaren Wetterumschlägen vor. Nicht selten wehte ein schneidend-trockener Wind aus Südrußland, ja es konnte hier so trocken werden, daß etwa in der Gemeinde Leipzig der 25. Mai als Regenfeiertag eingerichtet wurde, der, wenn's geregnet hatte, ein Dank-, wenn nicht ein Buß- und Bettag war.

Daneben gab es ein Sprichwort der Frühzeit, an das die Bessarabiendeutschen später nicht mehr gerne erinnert wurden. Zumindest in den ersten Jahren der Besiedlung hieß es im Volksmund noch etwas roh: „Weiber schterbe, isch kei Verderbe; Roß verrecke, des isch a Schrecke!"
Nur selten sollten die Bauern mit ihrer Ernte zufrieden sein. Dürren galten als Vorboten für Hungerjahre. Schädlinge wie die Zieselmaus (auch Erdhase genannt) machten die Anstellung von „Erdhasenfängern" notwendig. (Sie lieferten in der „Saison" dann auch im Schnitt an jedem Tag 50 Schwänzchen ab.) Heuschrecken

Anzeige aus „Bauernkalender 1937, Jahrbuch der Deutschen in Bessarabien“ (Union-Verlag Tarutino)

Deutsche Volksgenossen!

Wir leben in einer großen Zeit, in einer Zeit entscheidender geschichtlicher Ereignisse, von denen Ihr nur durch eine Zeitung erfahren könnt.

Wer heute keine Zeitung liest, lebt wie ein Maulwurf und wird in jeder Hinsicht rückständig und weltfremd.

Wo einer zu arm ist, gesellen sich 2 bis 3 zusammen, um eine Zeitung lesen zu können.

Welche Zeitung werdet Ihr lesen?

Selbstverständlich die Zeitung

Deutsches Volksblatt

Zeitung der Deutschen in Bessarabien

mit ihren Beilagen: „Bauer und Bauernschaffen“, „Frau und Volk“, „Kunst und Schrifttum“, „Schule und Erziehung“, „Romanbeilage“, „Bilder vom Tage“, „Das Leben im Bild“, — in Kupfertiefdruck als Monatsbeilage — Alle 14 Tage im Rahmen des „D.V.“: Dobrudscha-Nachrichten,“ das Blatt der Dobruschadeutschen.

Das „Deutsche Volksblatt“ wird in Bessarabien weitaus am meisten gelesen, weil es immer die neuesten Nachrichten und die bedeutsamsten Bilder vom Tage bringt und in seinen Aufsätzen eine bestimmte Richtung einhält.

Das „Deutsche Volksblatt“ ist die Zeitung des Gaurates für Bessarabien und gehört in jedes deutsche Haus.

Siedler aus Gnadenfeld mit seinem „Deutschen Volksblatt“

und Fruchtkäfer überfielen ganze Dörfer. Trotz der Widerwärtigkeiten heißt es in einer 1861 vom Innenministerium in St. Petersburg herausgegebenen Schrift über die deutschen Siedlungen in Bessarabien: „Diese Kolonien sind mit einem fleißigen und der Landwirtschaft kundigen Volk besiedelt, das den südlichen Teil dieses Bezirkes belebt, der bis dahin völlig Wüste war... Ungeachtet dessen, daß die südlichen Kreise auch heute noch den ursprünglichen Steppencharakter nicht verloren haben, ist die Gegend, die von deutschen Kolonisten bewohnt wird, heute der kultivierteste und blühendste Teil dieses Bezirkes und der sichtbare Beweis für die Fruchtbarkeit einer planmäßigen, ausdauernden Arbeit“.

Man war Bauer oder Handwerker oder auch beides, wobei sich besonders die „Wägner“ eines guten Rufes erfreuten. Der deutsche Bauernwagen wurde schnell in ganz Bessarabien heimisch. Darunter der Buchfinkwagen, von den aus Reusten/Tübingen eingewanderten Buchfinks erstmals mit eisernen Achsen versehen, der Teplitzer und der Posttaler Wagen. (Nach Landessitte war jeder Wagenverkauf übrigens mit einem „Mogaritsch“ abzuschließen, was soviel hieß wie „naß“, bzw. mit einem Schwips auf beiden Seiten.)

Die Deutschen siedelten konzentriert im endlosen Budschak. Hier konnten sie mit dem Fuhrwerk stundenlang fahren, ohne einen einzigen Baum zu sehen. Am Weg lagen die schmucken, langgestreckten Dörfer mit ihren spitzen „deutschen“ Kirchtürmen und ihrem Fachwerk. Die inzwischen aus geschnittenem Naturstein (im Süden) oder luftgetrockneten Lehmziegeln gebauten und ständig neu geweisten behäbigen Kolonistenhäuser zogen sich in zwei Reihen an den breiten Dorfstraßen entlang. Die Siedlungen waren in der

Das Waisenhaus des „Alexander-Asyls" in Sarata

Die evangelisch-lutherische Kirche in Neu-Strymba/Nordbessarabien

Regel genau rechtwinkelig angelegt, nur von einer Haupt- und Querstraße gekreuzt. Als Brennmaterial verwendete man in dem holzarmen Landstrich getrockneten, in Scheiben geschnittenen Mist und Dornbuschpflanzen, genannt „Windhexen".
In den Dörfern Bessarabiens herrschten auf allen Gebieten des Lebens verhältnismäßig lange äußerst strenge Sitten. Die ursprüngliche religiöse Begabung, die viele Kolonisten zur Auswanderung getrieben hatte, war die ruhende Kraft. In Schule und Kirche, Gemeinde und am Arbeitsplatz wurde auf die Prügelstrafe nicht verzichtet, setzte es Rutenhiebe hin und wieder selbst noch für Erwachsene. Man betete und arbeitete, entsagte dem Bösen, war ein Kind Gottes im Gegensatz zu den Kindern der Welt. Tanzen etwa

wie in den Wolgakolonien galt in vielen Siedlungen als Teufelswerk. Der Kirchbesuch war Pflicht, wobei am Anfang der Besiedlung aus Mangel an Lehrern und Pastoren jeweils die gebildetsten Bauern deren Ämter übernahmen.
1844 kam es in Sarata zur Gründung der von einem Kaufmann Werner aus Gingen an der Brenz gestifteten „Wernerschule“, der einzigen höheren Lehranstalt der Bessarabiendeutschen. Aus ihr bezogen die Kolonisten jetzt ihre „Intelligenz“ – Lehrer, Dorfschreiber und Küster. Bis 1871 waren die Volksschulen rein deutsch, danach erlagen sie jedoch mehr und mehr der Russifizierung, die in den Kriegsjahren ab 1914 ihren Höhepunkt fand, als das Deutsche hier verboten wurde.
Die Deutschen Bessarabiens waren ebenso wie im Südkaukasus viele Jahre hindurch weitgehend unter sich geblieben: Mischehen mit anderen Völkern galten so gut wie ausgeschlossen. Wer sich trotzdem dafür entschied, verlor das Recht auf ein öffentliches Amt. Geprägt von der Strenge der Landschaft, abgeschnitten von allen Neuerungen der alten Heimat, dafür verbunden durch ein enges Gemeindeleben, erhielt, bzw. entwickelte man eine ureigene Lebensform. So konnten sich die Bauerndörfer – ausgenommen die Marktzentren Tarutino, Sarata und Arzis – kulturell lange deutsch erhalten. Dazu gehörte die Pflege des Brauchtums wie die Wiederkehr des „Pelzmärtels“ – des Weihnachtsmannes –, das Abhalten des traditionellen Pfeffertags oder das Tragen des handgewebten sog. „deutschen Frauenkleids“ zum Kirchgang. Dazu zählte das Singen deutscher Volkslieder auf der Steppenwiese oder der „Bandelobed“, der Polterabend. Man hatte seine eigenen Verbände wie den Konsumverein Victoria, den Armenverein Kischineff, den römisch-katholischen Frauenverein Ingolstadt oder den Geselligkeitsverein „Der gute Kamerad“, später auch Jahrgangskameradschaften. Zur guten Sitte gehörte, daß man bis zur Auflösung der Kolonien seine Toten unter dem Absingen von Sterbeliedern zum Friedhof trug, nicht fuhr.
Wie im übrigen Rußland hatten be-

Bauernhof in Krasna

Jungfernfahrt der Omnibuslinie von Tarutino über Sarata nach Akkerman, 1912

Schüler des Knaben- und Mädchengymnasiums Tarutino, um 1913

sonders auch die religiös-konservativen Bessarabiendeutschen gegen Ende des Jahrhunderts kaum mehr ein direktes Verhältnis zum deutschen Kernland, das bei ihnen als liberal-aufklärerisch, schlicht ketzerisch verrufen war. Man war ein Schwabe, wenn es sein mußte eben ein Schwabe aus Preußen. Feine Unterschiede wurden dabei allerdings gemacht: Die Teplitzer Bauern galten als „Blitzschwaben", die Gnadentaler als „Salatschwaben", die Friedrichstaler als „Kuhberger", andere als „Knöpfleschwaben" und – in Verkennung der Geographie – selbst noch als „Gelbfüßler". Etwas uniformer wurde der deutsche Bauer dagegen von seinen Knechten angesprochen. Für sie war er immer der „Gospodin chosjain" (zu deutsch der „Herr Wirt").

Mit der Aufhebung der einst „auf ewige Zeiten" gewährten Privilegien begann die Auswanderung in großen Zügen. Rund 20000 Bessarabier gingen jetzt nach Amerika, besonders in die beiden Dakotas und nach Kansas, nach Brasilien und Argentinien, aber auch in andere Teile Rußlands, nach Rumänien – hier wiederum konzentriert in die Dobrudscha – und nur in selteneren Fällen zurück nach Deutschland. Nach dem Zusammenbruch Rußlands 1917 wurde die Moldaurepublik ausgerufen, in der jetzt die Bessarabiendeutschen lebten. Im Jahr darauf – ein deutsches Bauernaufgebot schlug die Bolschewisten zurück –, marschierten hier die Rumänen ein. Die rußlanddeutschen Kolonisten waren somit rumänische Staatsbürger geworden. Nach dem Ersten Weltkrieg zählte man in Bessarabien neben den Mutter- 118 Tochterkolonien. Die Zahl der Deutschen war von 8000 (1814) auf 83 000 (1938) gestiegen. Kein

Deutscher Bauernhof in Lichtental

Schöpfbrunnen in der Dorfstraße von Neu-Posttal

Wunder, daß auch der ungeheure Kinderreichtum hier sprichwörtlich wurde: „De Stube vull Kinner, de Ställe vull Rinner“ hieß es im schönsten Schwäbisch. (Im Jahre 1859 etwa waren in den Mutterkolonien auf 1000 Einwohner 65,3 Geburten gekommen!)
Der Anschluß an Rumänien schnitt die Bessarabiendeutschen mit der Dnjepr-Grenze von den Rußlanddeutschen ab, brachte sie dafür in Verbindung mit den Siebenbürger Sachsen, den Banater Schwaben, den Bukowina- und Dobrudschadeutschen. 1919 erscheint in Tarutino die „Deutsche Zeitung Bessarabiens“ als Bindeglied der Dörfer untereinander, ab 1935 dann das „Deutsche Volksblatt“ (ebenfalls Tarutino). Aufgrund des rumänischen Agrargesetzes, das die Enteignung allen Grundbesitzes über 100 ha vorschrieb, entstanden jetzt 40 sog. deutsche Hektargemeinden mit Kleinbauern, die die Bessarabiendeutschen allerdings wirtschaftlich vor eine schier unlösbare Aufgabe stellten.
1939 kündet Berlin zur Neuordnung der ethnographischen Verhältnisse die „Rückführung nichthaltbarer Volkssplitter“ an, was dem Todesstoß für die deutschen Siedlungen in Bessarabien gleichkommt. Es ist das gleiche Jahr, in dem die Siedlungen Borodino, Tarutino und Krasna ihre 125. Gründungsjubiläen feiern. Nach Ausbruch des Zweiten Weltkriegs besetzen die Russen das Land. 1940 werden 93 000 Bessarabiendeutsche entsprechend dem Zusatzvertrag des Molotow-Rippentrop-Paktes umgesiedelt. Der Großteil kommt zunächst ins Wartheland. Nach dem Zusammenbruch Deutschlands werden jene Kolonistenfamilien, die der Roten Armee in die Hände fallen, als ehemalige russische Staatsbürger nach Sibirien und Mittelasien „zurückgeführt“.
Den Kolonisten blieb fortan nur die Erinnerung an jenes Land zwischen Dnjestr und Pruth, das Albert Mauch im „Bessarabischen Heimatlied“ besingt: „Gott segne Dich, mein Heimatland! Ich grüß Dich tausendmal, / Dich Land, wo meine Wiege stand durch meiner Väter Wahl! / Du Land, an allem Gut so reich, ins Herz schließ ich Dich ein; / ich bleib Dir in der Liebe gleich, im Tode bin ich Dein! / So schirme, Gott, in Freud' und Leid / Du unser Heimatland! / Bewahr' der Felder Fruchtbarkeit / bis hin zum Schwarzmeerstrand! / Erhalte Du uns deutsch und rein, / send' uns ein freundlich Los, / bis wir bei unsern Vätern ruhn / im heimatlichen Schoß!“

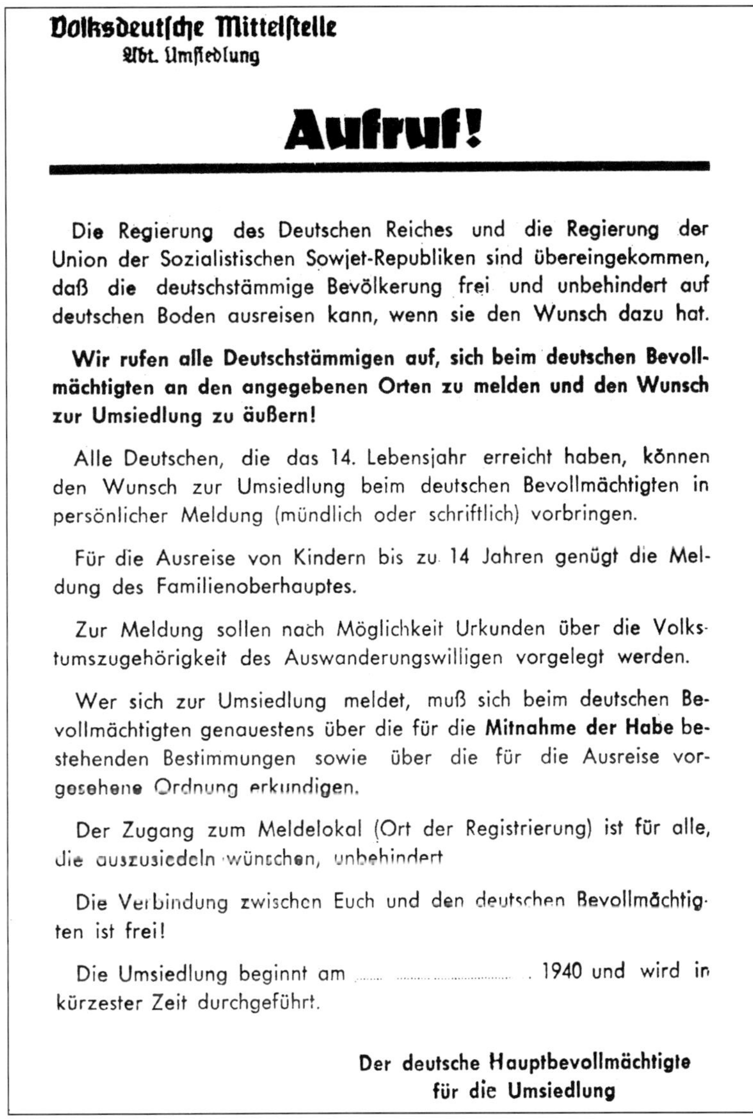
Volksdeutsche Mittelstelle
Abt. Umsiedlung

Aufruf!

Die Regierung des Deutschen Reiches und die Regierung der Union der Sozialistischen Sowjet-Republiken sind übereingekommen, daß die deutschstämmige Bevölkerung frei und unbehindert auf deutschen Boden ausreisen kann, wenn sie den Wunsch dazu hat.

Wir rufen alle Deutschstämmigen auf, sich beim deutschen Bevollmächtigten an den angegebenen Orten zu melden und den Wunsch zur Umsiedlung zu äußern!

Alle Deutschen, die das 14. Lebensjahr erreicht haben, können den Wunsch zur Umsiedlung beim deutschen Bevollmächtigten in persönlicher Meldung (mündlich oder schriftlich) vorbringen.

Für die Ausreise von Kindern bis zu 14 Jahren genügt die Meldung des Familienoberhauptes.

Zur Meldung sollen nach Möglichkeit Urkunden über die Volkstumszugehörigkeit des Auswanderungswilligen vorgelegt werden.

Wer sich zur Umsiedlung meldet, muß sich beim deutschen Bevollmächtigten genauestens über die für die **Mitnahme der Habe** bestehenden Bestimmungen sowie über die für die Ausreise vorgesehene Ordnung erkundigen.

Der Zugang zum Meldelokal (Ort der Registrierung) ist für alle, die auszusiedeln wünschen, unbehindert.

Die Verbindung zwischen Euch und den deutschen Bevollmächtigten ist frei!

Die Umsiedlung beginnt am .... 1940 und wird in kürzester Zeit durchgeführt.

Der deutsche Hauptbevollmächtigte für die Umsiedlung

Aufruf zur Rücksiedlung der Bessarabiendeutschen, 1940

Seite 104 oben: Vorbereitungen zum Rücksiedlungstreck, 1940 –

unten: Bessarabiendeutsche auf dem Weg nach Danzig-Westpreußen, ins Wartheland und nach Oberschlesien

Wolhynien

Wolhynien, etwa so groß wie Bayern, war politisch wie geographisch Grenzland und damit ein Zankapfel der angrenzenden Staaten. Den Südwesten durchziehen die Ausläufer der Karpathen, den nördlichen Teil, die „Polesje", bildet ein riesiges, teilweise sumpfiges Waldgebiet. Der Südosten ist Steppenland, der äußerste Süden geht in die fruchtbare Tschernossem, in Schwarzerde über.

Deutsche Kreuzritter hatten hier gekämpft und die Burg Luzk gebaut, Luzk und Wladimir im 13. Jh. deutsches Stadtrecht erhalten. 1379 bekamen deutsche Kaufleute vom Fürsten Lubart umfangreiche Handelsrechte zugesichert. Obwohl nicht groß an der Zahl, war das deutsche Element dann durchaus ein Faktor beim Aufbau des Landes. 1783 wird die – wenn auch kurzlebige – deutsche Handwerkersiedlung Koretz gegründet, die erste deutsche Gemeinde mit einem evangelischen Pfarrer. 1787–1791 legen preußische Mennoniten in der Steppe nördlich von Michelan eine Gruppe von Einzelhöfen an. Zwischen 1806 und 1818 treffen weitere Mennonitengruppen ein, denen Religions-, Handwerks- und Handelsfreiheit zugesagt ist. Sie lassen sich am Horyn nördlich von Wysock, am Styr nördlich von Luzk und im Kreis Novograd-Wolynsk nieder. Eine weitere Gruppe gründet Karolswalde im Kreis Ostrog. Von hier aus werden Tochterkolonien wie Karlsberg und Fürstenberg angelegt. Schweizer Täuferfamilien folgen, darunter auch Amische aus dem württembergischen Mömpelgard. 1807 entsteht die Kolonie Edwardsdorf bei Dubno.

Emilienta1/Wolhynien: Deutsches Siedlerhaus als typischer Bohlenbau mit bretterverschaltem Giebel

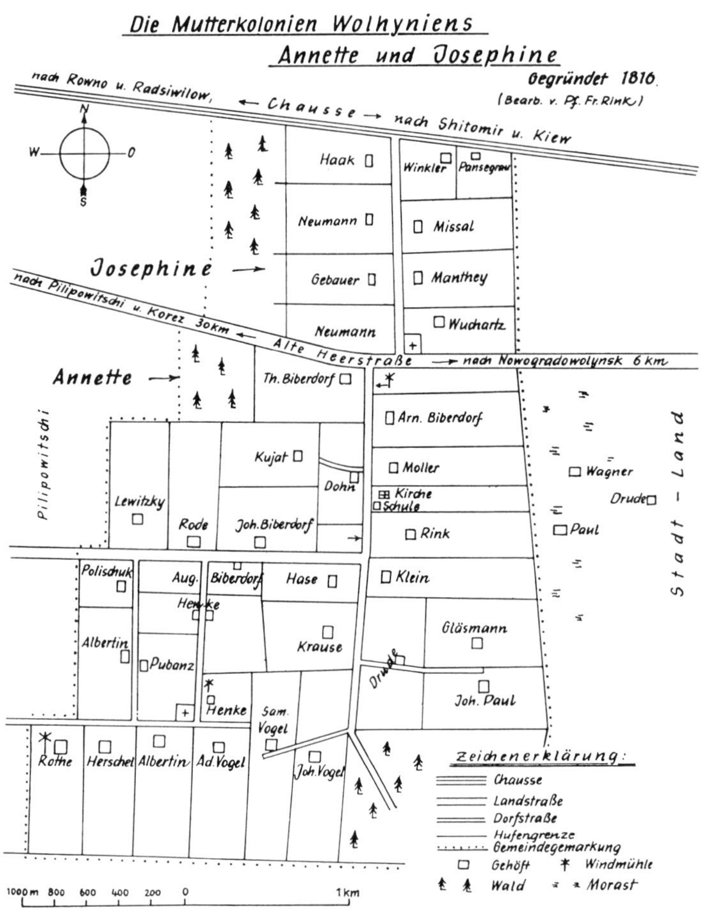

Nach der dritten Teilung Polens im Jahre 1795 fällt das Gebiet an Rußland, das deutsche Einwanderer jetzt mit den bekannten Privilegien wie Befreiung von der Wehrpflicht, der kleinen Gerichtsbarkeit und Religionsfreiheit „für ewige Zeiten" auch nach Wolhynien lockt.

1810–1816 kommen Deutsche aus der Danziger Gegend und aus der Rheinpfalz, meist Handwerker, Landarbeiter und Kleinbauern. Ihre ersten Kolonien – Annette und Josephine, genannt nach den Töchtern des polnischen Landbesitzers – werden 1816 an der alten Heerstraße westlich von Novograd-Wolynsk angelegt. Das Umland ist schön, der Existenzkampf der frühen Siedler jedoch so hart, daß alle weiteren Versuche von Deutschen, in Wolhynien neue Dörfer anzulegen, vorerst aufgeschoben werden. 1830 wandern deutsche Weber ein und lassen sich in den Städten nieder, 1831 und 1861 ziehen Deutsche aus Mittelpolen, damit bereits Nachkommen von Kolonisten, und aus Deutschland nach. Erst in den Jahren 1864–1875, nachdem die Aufhebung der Leibeigenschaft dem Land die billigen Arbeitskräfte genommen hat, kommt

Plan der deutschen Mutterkolonien Annette und Josephine in Wolhynien

Deutscher Hof in Zielona

Stube in einem Kolonistenhaus in Elisabethdorf

es zu einer Masseneinwanderung, da die Gutsbesitzer Wolhyniens ihre umfangreichen, häufig unerschlossenen Ländereien jetzt besser nutzen mußten.

Der Wolhyniendeutsche Alexander Zielke erinnert sich an die Tage unmittelbar nach der Einwanderung: „Hier in dieser grauen Wildnis / suchte unsere Familie / ihre Zukunft und ihr Glück. / Hier begannen Not und Elend, / harte Arbeit und Entbehrung / unsres kinderreichen Hauses. / O ich seh noch stehn den Vater / bis ans Knie in Sumpf und Schlamm, / schwingend Hacke oder Beil, / und daneben meine Mutter, / aufgeschürzt bis an die Lenden, / wie sie zog an Weidenwurzeln / mit verschwollnen roten Händen. / Im Gesicht, dem schweißbedeckten, / klebten wirr die feuchten Strähnen / ihres wild zersausten Haares. / Und wir Kinder, bleich und schmutzig, / nackend, fast in Kleiderfetzen / schleppten keuchend und uns krümmend / das entwurzelte Gebüsch...“

Die fast durchweg evangelischen Wolhyniendeutschen galten als jüngste auslandsdeutsche Gruppe. Sie repräsentierten neben der Bauernschaft (griechisch-orthodoxen Ukrainern), dem Bürgertum der Städte (strenggläubigen Juden) und dem Adel (römisch-katholischen Polen) eine vierte Nation und eine vierte Religion im Lande.

1862 wurden in Wolhynien 5684 Deutsche gezählt, 1871 rund 19000 in 139 Kolonien. Vor dem Ersten Weltkrieg waren es dann rund 250000 in knapp 600 geschlossenen Siedlungen mit einem Landbesitz von 250000 Hektar. Ein Grund für den schnellen Anstieg der Bevölkerungszahl lag im Umstand, daß in keinem Land der Welt zu jener Zeit mehr Kinder geboren wurden als eben in Deutsch-Wolhynien.

Die frühen Kolonisten sprachen meist pfälzisch und schwäbisch, in ihren Sprichwörterschatz gehörten

Der große Männerchor von Neudorf bei einem Ausflug mit Familienangehörigen, 1925

Weisheiten wie: „De Wertin un de Katz geheern in de Stub, der Wert un der Hund in den Hof", „Zweimal umziehe is ee'mol abbrenne" oder „Mit Stillschwei'n verredt sich niemand". Die Schweizer Täufer blieben ihrem Alemannisch treu, die Mennoniten aus Preußen ihrem Platt („Em Winta fleje de dreje bleda ene loft rom"). Ihre Einwanderung entsprach privaten Initiativen, war nie staatlich gelenkt wie etwa an der Wolga oder im Schwarzmeergebiet.

Wolhynien galt als Brotland, das hieß, daß es hier auch noch der ärmste Bauer nach einer Anlaufzeit zu etwas bringen konnte. Die Kolonisten arbeiteten zuerst als Pächter polnischer Großgrundbesitzer, lebten in Streusiedlungen und auf vielen Einzelhöfen. Wo sich Kolonien bildeten, schloß deren Verwaltung ihre Verträge mit den Großgrundbesitzern, der Einzelne erhielt dann soviel Land, wie er bearbeiten und bezahlen konnte. Deutsche Kolonisten führten den eisernen Pflug ein, machten sich schließlich als Bauern und Handwerker selbstständig. Berühmt waren ihre Windmühlenbauer. Einer von ihnen – der Mühlenbaumeister Hein – lieferte so gute Mühlen, daß von ihm gar behauptet wurde, er habe, um seine Kunst zu erlernen, dem Teufel seine Seele verkauft!

Bei den Wolhyniendeutschen waren Brauchtum und Tradition besonders tief eingewurzelt, ob zur Weihnachtszeit mit dem Lichterzug der Kinder zur Wohnung des Kantors, dem Christvesper und den „heiligen 12 Nächten", in denen um den Segen für Haus und Hof gebetet wurde, oder ob zum Jahreswechsel mit dem Neujahrssingen. Kein Ostern ohne das Eierspiel, an dem sich jung und alt beteiligten. Geheiratet wurde im Herbst, nachdem die Ernte eingefahren war. Wer kannte nicht die festlich gekleideten „Hochzeitbitter" oder Brautdiener – die besten Freunde des Bräutigams –, die im Dorf herumritten, wobei einer von ihnen sein Pferd selbst noch in die gute Stube jener Familien führte, die es einzuladen galt: „Guten Abend im Haus! / Ist der Wirt drinn oder drauß? / Wenn er draußen ist, soll er rein kommen. / Ich komme hereingeritten, / Euch auf die Hochzeit zu bitten!" Und welch ein positiver Ausblick, wenn der Vierbeiner während der Runde dann eines der Zimmer mit einen „Glückshaufen" beehrte!

Zwischen den Pripjatjsümpfen und den östlichen Vorkarpathen entwikkelten die frühen Kolonisten ein gutes Verhältnis zu ihren Nachbarn. Gegen Ende des 19. Jh. wurde ihnen trotzdem wie im übrigen Rußland auch der Landerwerb erschwert, in einigen Gouvernements konnten Ausländer jetzt kein unbewegliches Eigentum mehr kaufen. Dieses Gesetz wurde schließlich so weit ausgebaut, daß es alle Nichtrussen betraf, auch wenn sie seit Generationen Untertanen des Zaren waren. Die deutschen Kirchenschulen erhielten russische Inspektoren, Greuelmeldungen über Aktivitäten der Kolonisten als Spione des deutschen Kaisers erzeugten Stimmungen gegen die Volksgruppe. 1881 wurde die Befreiung vom Wehrdienst aufgehoben.

Einweihung der Molkerei in Swojerow, 1933

Deutsche Bauern beim Maschinendreschen in Marinkow

Deutscher Bauer aus Wolhynien

Viele Wolhyniendeutsche wanderten daraufhin nach Brasilien (seit 1878), Argentinien, in die USA, nach Kanada, nach Sibirien und ins Baltikum aus, wo Kolonisten südlich von Dorpat eine Bauernsiedlung gründeten, oder gingen nach Deutschland zurück.
Vor dem Ersten Weltkrieg hatten sich die Verhältnisse der Wolhyniendeutschen etwas gefestigt, lediglich den Pachtbauern fehlte die eigentliche Seßhaftigkeit. In Heimthal, in der Weite zwischen Galizien und der alten Dnjeprstadt Kiew, gab es eine Lehrerbildungsanstalt, die dem Bildungsdrang der Jugend entgegenkam. Von hier stammten die Küsterlehrer, die unter der Woche die Kinder der Siedler unterrichteten, am Sonntag den Lesegottesdienst hielten, die tauften und beerdigten. Es war in jenen Tagen, daß der Kolonist Hirschfeld aus Alt-Rokin zur Feder griff: „Mein liebes wolhynisches Heimatland, / nie möcht' ich von dir

Notwohnung deutscher Siedler nach dem Ersten Weltkrieg

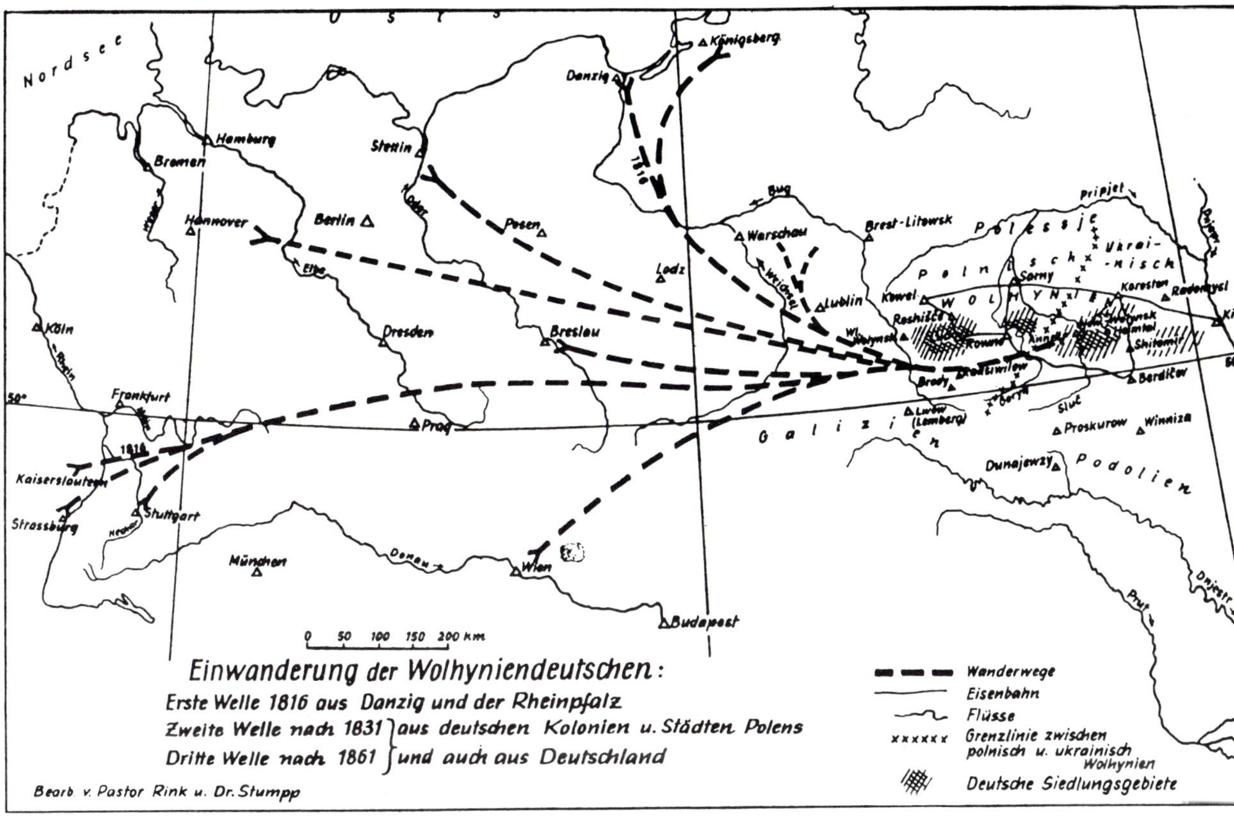

Einwanderungskarte der Wolhyniendeutschen

zieh'n. / Wie fest hält's mich mit starkem Band, / wenn im Frühling die Wiesen blüh'n... Die Heimat spricht auch mit Ernst zu mir. / Einst sah sie garstig aus, rauh und wild. / Da rodeten unsre Vater hier / und schufen aus Sumpfwald ein Heimatbild. / Das kostete Hunger, Not und Schweiß, / drum lieben wir dich jetzt so heiß, so heiß."

Ein schwerer Schlag traf die Siedler dann nach Ausbruch des Krieges, als mit dem Fall Galiziens und Polens die vom Zarenhof angedrohte Liquidation – im Gegensatz etwa zum Wolgagebiet – hier tatsächlich auch zur Durchführung kam. Über 100 000 Wolhyniendeutsche aus der östlichen Hälfte des Gouvernements, – der westliche Teil war zu dieser Zeit bereits in der Hand der Mittelmächte –, wurden von Haus und Hof vertrieben und ins Innere Rußlands und nach Sibirien verbannt. Ihre Wirtschaften übernahmen ruthenische Bauernfamilien.

Nach Jahren der Verbannung kommt, wer überlebt hat, zurück. Urplötzlich entsteht das Bedürfnis, Erlebtes in Gedichtform wiederzugeben, wobei auch hier das ungeübte Ringen um Form und Ausdruck durch das eigentliche Mitteilungsbedürfnis des Kolonisten gegenüber dem Kolonisten wettgemacht wird. Der Michelsdorfer Heimkehrer Schulz schreibt: „Reihet euch, singt Freudenlieder! / Faßt einander an der Hand! / Denn, will's Gott, so seh'n wir wieder / unser schönes Heimatland. / Nehmt die Harfen von den Weiden, / laßt das Trauern! Singt mit Freuden: / In der Heimat ist es schön! / Wir dürfen sie jetzt wiederseh'n. / Sieben Jahre sind vergangen, / Gott, wer hätte das gedacht! / Not und Sorgen haben uns're Wangen, / uns're Haare bleich gemacht. / Furchen sind durch Angst und Plagen / uns ins Angesicht geschlagen. / In der Heimat ist es schön! / Wir dürfen sie jetzt wiederseh'n."

Doch die deutsche Schicksalsgemeinschaft wird zerissen, Wolhynien – bis dahin Bestandteil des russischen Reiches – nach einem Krieg zwischen Rußland und Polen 1921 aufgeteilt. Bei Rußland, im östlichen Teil, verbleiben die Kirchspiele Heimthal, Novograd-Wolynsk, Emiltschin und Schitomir. In Sowjet-Wolhynien leben 1930, vor der endgültigen Kollektivierung der Landwirtschaft, rund 51 000 Deutsche, bevorzugt im geschlossenen deutschen Siedlungsgebiet „Deutscher Rayon Pulin" um den Ort Heimthal. 1939/40 folgt die „Rückführung" der Deutschen aus Polnisch-Wolhynien, das gerade wieder zu Rußland gekommen war, in Richtung Westen. 1943 folgt der Rest der Kolonisten. Der größte Teil von ihnen wird jedoch von der Roten Armee wieder aufgegriffen und nach Asien gebracht.

Heute gibt es keine deutschen Kolonien in Wolhynien mehr. Was an sie erinnert ist ein Ausspruch der Ukrainer, die gelegentlich noch „po nemecku" sagen, was so viel bedeutet, wie etwas „auf deutsche Art" zu machen. Demnach so, wie es bei den deutschen Nachbarn einmal üblich gewesen war.

Exmittierte deutsche Pächterfamilie

Ausgesiedelte Deutsche auf dem Weg nach Osten, 1941

Sibirien, Steppenregion und Mittelasien

„Wo Rußlands breites Reich / sich mit der Erde schließet / und in dem letzten West / des Morgens March zerfließet, / wohin kein Vorwitz drang; / wo Tiere fremder Art / noch ungenannten Völkern dienten; / wo unbekanntes Erz / sich künftgen Künstlern spart, / und nie besehne Kräuter grünten; / lag eine neue Welt, von der Natur versteckt, / bis Gmelin sie entdeckt.“ (Widmung für den Erforscher Sibiriens, Dr. Johann Georg Gmelin, geb. 1709 in der Gmelin'schen Apotheke in Tübingen, im Vorsatz der „Reise durch Sibirien von dem Jahr 1733 bis 1743“.)

Nach der Sibirienreise des in Diensten der Petersburger Akademie stehenden Professors für Chemie und Naturgeschichte, Johann Georg Gmelin, sollte es noch eine Reihe von Jahren dauern, bis sich Rußlands Deutsche für das Land hinter dem Ural interessierten, bis es als Siedlungsgebiet seine segensreiche, als Verbannungsort seine unheilvolle Rolle in der Geschichte gerade auch der deutschen Volksgruppe spielte...

Schon relativ früh waren deutsche Bauernkolonisten auf feindliche Nomadenvölker aus dem asiatischen Teil Rußlands gestoßen. Kirgisen (Kasachen) und Kalmüken hatten ihre Dörfer im Stromgebiet der Wolga heimgesucht und ganze Gemeinden in die Sklaverei verschleppt. Ein Aufeinandertreffen, das sich in unzähligen Volksliedern, Geschichten und Sagen der Rußlanddeutschen niederschlug. Und bei weitem nicht immer berichten die Chronisten dabei so positiv wie jenes

Bühnenstück zum 150jährigen Gründungsjubiläum der Siedlungen im Wolgagebiet, das die örtlichen Literaten Alexander Hunger und Gottlieb Göbel in Saratow auf die Bretter brachten: Unter dem Titel „Fest und Treu oder der Kirgisen-Michel und die Schön-Ammie aus Pfannenstiel" erinnerte es nach alten Überlieferungen an einen Angriff der Kirgisen auf die Kolonie Pfannenstiel und die Liebe der Nomadentochter Sulejka zum gefangenen deutschen Michel... auch darüber, wie Sulejka ihrem Michel schließlich zur Flucht verhalf. Die Realität hatte allerdings etwas anders ausgesehen, und erst allmählich sollte sich das Verhältnis zwischen Deutschen und jenen Nomaden, mit denen sie einmal die Heimat teilen sollten, normalisieren.
Relativ jungen Datums ist die gezielt angelegte deutsche Siedlung in Sibirien, in der Steppenregion und im mittelasiatischen Raum (Kasachstan, Usbekistan, Kirgisien, Tadschikistan, Turkmenien). Nachdem es bei den Wolga- und Schwarzmeerdeutschen gegen Ende des 19. Jh. wiederum zu einem kritischen Landmangel gekommen war, hatte sich das Gebiet hinter dem Ural zur Kolonisation geradezu angeboten. Der eigentliche Zustrom von Deutschen aus den Altkolonien nach Westsibirien (zwischen Ural und der Wasserscheide zwischen Ob und Jenissei) setzte allerdings erst 1905 ein, als die Regierung große Ländereien für die Besiedlung zur Verfügung stellte. Der Ausgang des russisch-japanischen Krieges machte jetzt die Entwicklung Sibiriens aus strategischen Gründen erforderlich, daneben versuchte der Zar durch die teilweise Aufhebung von Umzugsbeschränkungen einer weiteren revolutionären Krise im europäischen Rußland vorzubeugen.
Die ersten Kolonisten kamen aus dem – schon früher von Deutschen besiedelten – Land um Orenburg und Ufa, ihnen folgten die Wolgadeutschen, Deutsche aus dem Kaukasus sowie die Schwarzmeerdeutschen. Die Gegend um Omsk war trotz des rauhen Klimas ein bevorzugtes Ziel, deutsche Siedlungen entstanden entlang der Sibirischen Eisenbahn von Petropawlowsk nach Nowosibirsk (10-Werst-Zone). Planmäßig erfolgte die Anlage der konfessionell gesonderten Ortschaften in den Regionen Omsk, Slawgorod, Barabinsk, Tatarsk und Rubzowsk, in Wald- und Steppengebieten, in denen die Deutschen, die fast ausschließlich Landwirte waren, ihr Lebenselement sahen. Das Dorf hatte immer das niedere Bet- und Schulhaus mit dem Glockenstuhl in der Mitte, die typisch deutsche Kirche wie an Wolga und Schwarzem Meer waren selten. Die Gemeinde wurde vorerst wie in den Mutterkolonien organisiert.
In Ostsibirien (zwischen der Wasserscheide von Ob und Jenissei und der Pazifischen Küste) setzten sich die ersten deutschen Gemeinden seit dem frühen 19. Jh. hauptsächlich aus Zwangsverschickten des Zarenreiches zusammen. Freiwillig zogen Landsleute um 1907 nach, ab 1927 folgten wiederum Deportierte.
Der Drang der Deutschen immer tiefer nach Osten war kaum zu stoppen. 1924 tauchten Kundschafter der Kolonisten im Gebiet des Amur auf, ab 1927 trafen Siedler aus den deutschen Dörfern um Slawgorod, aus der Ukraine und aus dem Orenburgischen hier ein. Am Ufer des Amur entstanden die ersten deutschen Siedlungen wie Schönsee, Kleefeld oder Ebenfeld. Zumindest eine von ihnen sollte schon bald Geschichte machen: 1930 – die Zwangskollektivierung war in vollem Gang – flohen sämtliche Bewohner vom Schumanowka in einer bitterkalten Winternacht über den gefrorenen Amur nach China in die Freiheit.

Wohnhaus einer schwarzmeerdeutschen Familie in Sibirien

Deutschen Bauern bestätigte die Sibirische Sowjetische Enzyklopädie (Band II, Seite 1060): „Der Ackerbau der deutschen Mennoniten in der Kulundasteppe zeichnete sich durch höhere Effektivität aus. Ihre agrotechnische Verfahren (Herbst- und Schwarzbrache, Reinsamen) mit modernen Landmaschinen schmälerten den Einfluß des Wetters und steigerten die Erträge. Bei den Deutschen gab es eine bessere Milchviehrasse, die sogenannten deutschen roten Kühe, die sie aus dem Westen mitgebracht hatten."

Da sich die Deutschen auch im neuen Siedlungsraum immer mehr ausbreiteten – ihr Landbesitz in Sibirien dürfte bald 800 000 ha betragen haben, im Rayon Schilling machten sie 45 Prozent der Bevölkerung aus –, wurde ihnen schon bald von der Regierung nur noch Land zwischen russischen Dörfern, also Siedlungen mit orthodoxem Glaubensbekenntnis, zugewiesen. Deutsche zogen jetzt bis ins Neulandgebiet Altai, wo man sich in der Kulunda- und Barabasteppe niederließ...

In Mittelasien waren deutsche Militärs, Beamten, Ärzte, Unternehmer und Forscher bereits in den sechziger Jahren des 19. Jh. heimisch geworden. Die ersten deutschen Siedlungen entstanden aus der erneuten Wanderung von Mennoniten, die aus religiösen Gründen – darunter die Einführung der Wehrpflicht im europäischen Teil Rußlands – die Wolga und das Molotschnagebiet verließen, um sich 1880/81 in der Region Turkestan (heute die Südgebiete Kasachstans und vier mittelasiatische Republiken) niederzulassen. Mit Unterstützung des Generalgouverneurs von Turkestan, Konstantin von Kaufmann, wurden Dörfer im Talastal (Ujesd Aulijeata/Dshambul, Gebiet Syrdarja) angelegt. Rund zehn Jahre später kam es zur Gründung des großes Dorfes Konstantinowskoje im Ujesd Taschkent... eine Wanderbewegung, die bis zu Beginn der Oktoberrevolution anhalten sollte. Im Gegensatz etwa zur Wolga legten die Kolonisten im mittelasiatischen Raum jedoch keine großen Siedlungskolonien an, sondern bevorzugten kleinere deutschsprachige „Inseln", umgeben von kasachischen

Deutsche Kirche in Slawgorod in der Kulundasteppe

Aulen, von russischen oder ukrainischen Nachbarschaften.
Eine kleinere Gruppe Mennoniten zog von Taschkent über Samarkand und Buchara nach Chiwa, wo sie 1884 die Siedlung Ak-Metschetj (Weiße Moschee) gründete. In einem Bericht in der „Iswestija" aus dem Jahre 1924 hieß es dann: „Inmitten malerischer Gärten liegt der kleine Ort Ak-Metschetj, eine Ansiedlung deutscher Mennoniten. Mit echt deutscher Beharrlichkeit schufen sie bei Chiwa eine Kulturoase, zugleich ein Muster ideal angelegter Wirtschaft. In der Zeit der Revolution sind diese ordentlichen Deutschen immer die alten geblieben. In jedem Haus hängen, sorgfältig eingerahmt, die Bilder der Zarenfamilie...", und das selbst noch im Jahre 1924!
Bereits 1885 war es in Taschkent zur Gründung einer evangelisch-lutherischen Gemeinde gekommen. Deutsche Bauern aus den Gouvernements Samara und Saratow trafen 1895 in Kasachstan ein, gründeten Roshdestwenskoje und Romanowskoje im Ujesd Akmolinks, beschrieben Landreichtum und gute Ernten der Steppenregion den Zurückgebliebenen und konnten bereits im Jahr darauf weitere „rund 200 Personen beiden Geschlechts, d. h. an die 40 Familien deutscher Kolonisten" begrüßen. Eine Zahl, die sich aufgrund der Hungerjahre besonders im Wolgagebiet schnell vergrößerte. Den Umsiedlern wurden Staatssteuern und Pachtzahlungen vorerst erlassen, die Ableistung des Wehr- oder Ersatzdienstes erfuhr einen Aufschub. Man unterschied die Kolonisten nach ihrer religiösen Zugehörigkeit in Mennoniten, Lutheraner und Reformierte (Protestanten) und Katholiken, die sich auch hier nach ihrem religiösen Bekenntnis getrennt ansiedelten, um dann allerdings gemeinsam der Russifizierungspolitik die Stirn zu bieten. Der Gouverneur der Steppenregion jedenfalls, ein Herr von Schmitt, sollte sich 1913 notieren: „Während meines jüngsten Bereisens der Steppenregion stieß ich in einer Siedlung auf eine äußerst unerwünschte Erscheinung. Diese Siedlung wird schon mehrere Jahre von deutschen Kolonisten bewohnt, sie haben aber bis jetzt noch keine russische Schule oder einen Russischlehrer, und fast alle ohne Ausnahme, Erwachsene wie Kinder, verstehen kein Russisch..."

Unter den Deutschen in der vorrevolutionären Region Turkestan befand sich eine ganze Reihe von Verbannten, die wegen „verbrecherrischen Meinungen“, politischer Dissens oder der Sympathie mit der Sozialrevolutionären Partei zwangsverschickt worden waren. Unter ihnen der berühmte Forscher Eugen Michaeli und der Offizier Aschenbrenner, der sich geweigert hatte, an der Niederschlagung des Polnischen Aufstands von 1863 teilzunehmen.

Trotz der Schwierigkeiten von Umsiedlung und Grunderschließung – ab 1903 verbot die Zarenadministration Deutschen generell die Niederlassung in Turkestan – erfreuten sich die neuen Siedlungen zu Beginn des Ersten Weltkriegs eines gewissen Wohlstands. Die Bodennutzung erfolgte in Bauernhofwirtschaften, die aufgrund angewandter Methoden wie Fruchtfolge und Brache und des besseren Ackergeräts dem heimischen System überlegen waren. Die Bauern spezialisierten sich auf die Verarbeitung landwirtschaftlicher Erzeugnisse, Getreidebau und veredelte Rassenviehzucht. 1909 war etwa die einzige Molkerei Turkestans, die Butter aus Kuhmilch herstellen konnte, in deutscher Hand, die „Deutsche Butter“ – das Pfund zu 75 Kopecken – hier ein ebenso fester Begriff wie Tilsiter-, Schweizer- oder Backsteinkäse aus deutschen Siedlungen.

Schon um die Jahrhundertwende wurden im Rahmen der Russifizierung den deutschen Siedlungen wie Gnadental, Gnadenfeld oder Köppental russische Namen wie Wladimirowka oder Romanowka gegeben, was sie allerdings nicht russifizierte. Weiterhin fiel russischen Beamten dort etwa auf, daß zum Beispiel die Mennoniten treudeutsch noch immer ihre Häuser fest verschlossen, da nach ihren Begriffen „der Mann, der durch sein nachlässiges Verhalten zu seinem Eigentum den Verbrecher in Versuchung führt, mehr moralische Schuld am Diebstahl“ hätte als der Dieb selbst.

Die Entwicklung der deutschen Siedlungen wurde vom Ausbruch des Weltkriegs jäh unterbrochen. Die auf eine Liquidierung des deutschen (österreichischen und ungarischen) Landbesitzes in Rußland ausgerichteten Gesetze von 1915 trafen mit Abstrichen auch die Deutschen in Sibirien, in der Steppenregion und in Turkestan. Bodenpacht und Ankauf von Land wurden untersagt, an den Schulen der Unterricht auf Russisch außer im Muttersprachlichen und Religion in allen Fächern eingeführt. Die streng pazifistischen Mennoniten hatten ihren Dienst am russischen Vaterland in „Sonderforstmannschaften zur Bewaldung der Steppengebiete“ abzuleisten, Lutheraner und Katholiken kamen als Soldaten meist an die türkische Front in Transkaukasien. Statistisch gesehen hatte jede deutsche Familie im mittelasiatischen Raum zwei Männer in der russischen Armee. Trotzdem zeichnete sich mehr und mehr ein „Repressivkampf gegen die deutschen Kolonien“ ab. Rußland eröffnete eine Front gegen „landeseigene Teutonen“, die sich, so der Generalgouverneur der Steppenregion, „obwohl seit Jahrhunderten im Land, nicht russifizieren lassen… damit dem russischen Geist fremd geblieben sind“. Den Kolonisten wurden, mit den Worten des sowjetischen Geschichtswissenschaftlers Ipatow, jetzt vom Standpunkt des bürgerlichen und adeligen Nationalismus die scheußlichsten Eigenschaften zugeschrieben: „…deshalb wird die Schlußfolgerung gemacht: ‚Wo Deutsche leben, dort leiden die russischen Ansiedler äußerste Not und Armut.‘ “ Die Oktoberrevolution und ihre Folgen nationalisierten schließlich die deutschen Betriebe.

Die deutschfeindliche Politik des Zarenhauses hatte Spuren auch hinter

Des hoste fors Vrgesse …

Dr Velkersch Hannes war halssterrich wie'n Gaßbock uns so stolz, daß'r die Leit net g'sehe hot. Dr Hals hot'r g'streckt wie'n Gansert, wann's dunnert. Alle Leit hun sich iwr'n ufg'halle, awr des hot nix g'frucht.
Dr Sunntag Owend koom'r mol mit'm Kremers Kaspr in die Banje. Dr Kaspr wollt sich net wesche, der war grad so mitkomme. Der is dem Hannes iwrhaap immer nochg'loffe wie e Finettje. 's war schon recht spet, un die Wes Bertha, was unser Banschize is, wollt grad haamgehe. Kaa Mensch war mehr in der Banje. „Wart e Weilje, Wes Bertha“, saat dr Hannes. „ich hun mich hortich g'wesche. Bis ihr eich vrschnauft hett, bin ich fertich.“
Die Wes Bertha hatt schon Randefucht g'halle, awr sie is gange un hot'm die Badestub doch nochemol ufg'schlosse. Sie wollt sich net behenge mit dem Kerl.
In dere Zeit hot dr Hannes dem Kaspr sei Uhr gewe. „Ich hun e Schleckje zu viel g'trunke uns kann'se vrzottle“, saat'r. „Wann ich mich g'wesche hun, gehe mir ins Kino, heit Owend is'n schene Film. Geh und hol Billete, bis ich mich g'baat hun.“
Wie dr Hannes dann aus dr Badestub rauskoom, is die Wes Bertha gange un hot sei Schissel g'reinicht. Dr Hannes hot sich in dereweil ang'zoge un wollt noch dr Uhr gucke, ob'r net zu spet kem ins Kino. Dr Kaspr isim zu lang g'bliewe. Awr sei Uhr hot g'fehlt. „Wes Berthal“ hot'r g'rufe, „wu is'n mei Uhr?“
„Was waaß ich, wu dei Uhr is!“ saat die Banschize.
„Außer eich war kaa Mensch in dr Banje!“ hot'r krische. „Die Uhr hett ihr g'stohle!“
„Ich hun kaa Uhr g'sehe“, saat die Wes Bertha, un die Trene sin're in die Aage g'schosse. „Gott soll mich behite, daß ich mich in mei alte Tage noch an're Uhr vrgreif …“
In dem Moment hot dr Kaspr an dr Tür reig'guckt, „Rappl dich“, saat'r iwr'n Hannes, „des Kino fangt ball an.“
„Ich hun annres vor wie Kino gucke“, hot dr Hannes g'maant. „Die Alt do hot mei Uhr g'stohle …“
„Dei Uhr? Die hoste doch mir gewe, weil de Angst hast, du kennst'se vrzottle“, saat dr Kaspr un hot'm die Uhr hieg'reicht.
„Ach, des hatt ich ganz vrgesse“, hot dr Hannes g'lacht. „Dessemol seid'r net schuld, Wes Bertha.“
Er hot sei Uhr umg'bunne un woll mit'm Kaspr hortich ins Kino gehe. Awr die Wes Bertha hot'm mit ihre Gummihensche so ins G'sicht g'schlage, daß mr alle finf Finger zehle konnt.
„Des hoste fors Vrgesse!“ saat se.
Friedrich Bolger

Veröffentlicht in der Zeitung „Freundschaft – Tageszeitung der sowjetdeutschen Bevölkerung Kasachstans“ vom 13. September 1980.

dem Ural gezogen, die Revolution mit ihrer Aussicht auf eine Gleichberechtigung der Nationalitäten bekam dadurch gerade unter den deutschen Kolonisten viele Anhänger. Nachdem die Gesetze, die die Rechte der Rußlanddeutschen einschränkten, aufgehoben, den Siedlern Selbstbestimmung zugesagt worden war, wurde unter den Deutschen freiwillig vom Dauerbrot bis zum Pferd für die Rotarmisten alles gesammelt, was entbehrlich war. Die Deutschen etwa im Wolost Ak-Dshar, die dort nur 9,5 % der Bevölkerung stellten, füllten die Ränge der Roten Armee des Wolost zu 36 %. Einer der aktivsten Kämpfer für die Roten in Turkestan war ein Jakob Diehl, der dafür zweimal mit einem „Gewehr mit Namenszug“ ausgezeichnet wurde, später zum Chef der Grenzwache Turkmeniens avancierte. Als dort die erste Parteischule gegründet wurde, hatte sie auch eine deutsche Sektion. Im Rahmen der Neuordnung kam es zur Gründung des selbständigen Deutschen Wolost Nikolaipol mit den Siedlungen Wladimirowka, Andrejewka, Romanowka, Chiwinskoje und Nikolaipol.

1924 wurden die Grenzen der mittelasiatischen Republiken unter Berücksichtigung ethnischer Merkmale neu gezogen: Das alte Turkestan umfaßte jetzt die Kirgisische, Usbekische, Turkmenische und Tadschikische Republik, ein Teil des Gebiets – mit Alma Ata, Dshambul und den deutschen Dörfern im Ujesd Taschkent – kam zu Kasachstan. Die alten deutschen Gemeinden im Talastal zählten jetzt zu Kirgisien, und neue kamen hinzu: 1925 gründeten Mennoniten im Tschutal in der Nähe von Frunse Grünfeld und Bergtal. Die große Hungersnot in den Jahren 1932/33 brachte Umsiedler aus der Ukraine.

Nach dem Ersten Weltkrieg werden in Asien 503 deutsche Dörfer mit rund 110 000 Einwohnern gezählt, 337 Gemeinden alleine in Sibirien, 128 in Kasachstan. Auf dem Gebiet des alten Territoriums Turkestan leben nach einer Volkszählung von 1926 rund 15 000 Deutsche.

Wie im europäischen Teil Rußlands litt auch die Bevölkerung hinter dem Ural im Bürgerkrieg schwer unter den Kämpfen zwischen Weißen und Roten. Deutsche Partisanenverbände zogen unter Führung wolgadeutscher Bolschewisten im Slawgoroder Bezirk mit Jagdflinten, Heugabeln und Beilen gegen die Weißgardisten, deutsche Bauern wurden zu Opfern der Strafexpeditionen der sibirischen Koltschakregierung. Danach kamen Seuchen wie Typhus, schließlich die Hungerjahre, die besonders die Kulundasteppe heimsuchten. Mit der Kollektivierung einher gingen Aussiedlung und Verbannung, obwohl sich die Volksgruppe generell als durchaus regimetreu erwiesen hatte. Die sozialistische Umgestaltung ihrer religiösen Gemeinschaften war zwar auf Widerstand gestoßen, doch die von der deutschen Abteilung der Omsker Sowjetparteischule ausgebildeten Partei-, Sowjet- und Komsomolkader trugen die Lehre Lenins mit Erfolg unter das Volk. Deutsche Kriegsgefangene, die der KP beigetreten waren, füllten die Spalten in deutschsprachigen Zeitungen mit Titeln wie „Rote Fahne“, „Kollektivist“ oder „Der Landmann“.

Absolute Loyalität zur neuen Lebensform, zur Sowjetmacht, spricht so auch aus den Worten Friedrich Funks: „Iwan und Fritz und Galja und Tamara / und Dulakei und Mirsa-Mahammat / sie alle bauten einig ihren wahren, / den Leninschen, den ersten Sowjetstaat. / Auch ich half mit. Schon in der ersten Klasse / erfuhr ich, was es heißt: ‚Kulakenfeind‘. / Für Verse, die wir gegen Gutsherrn lasen, hat manches Kind von uns dann Blut geweint... Es unterlag der Feind an allen Fronten, / und Wohlstand wogt' ins Land

Evangelische Kirche in Amolinsk

aus dem Kolchos. / Froh über Werk und Feld im Ruhme thronte / das Licht, geboren in der Arbeit Schoß. / Mein Volk hängt inniglich an seinem Staate, / mit allen Völkern schafft es, Hand in Hand: / im Bergwerk steht's, im Wald zu neuen Taten – / mein sowjetdeutsches Volk in Lenins Land!"

Allerdings setzte man sich dann gegen die neuen Agrargesetze zur Wehr. Im Frühling 1929 etwa bestellten die Kolonisten des Deutschen Rayons ihre Felder nicht mehr, vernagelten ihre Wohnhäuser und zogen nach Moskau mit dem Ziel, von dort nach Kanada auszuwandern, was allerdings nur den wenigsten unter ihnen gelang.

Mit Beginn des Zweiten Weltkriegs wurden Hunderttausende von Deutschen aus dem europäischen Teil der Sowjetunion unter dem Vorwurf der Kooperation mit Deutschland in den Raum zwischen Ural und Pazifischen Ozean zwangsverschickt. Ihre Ansiedlung, soweit man davon sprechen konnte, erfolgte jedoch nach einem Muster, das jede ethnische Ballung vermied. Hinter dem Ural gab es dann keine neuen Deportationen mehr. Dadurch konnte sich im Gegensatz zum Wolga und Schwarzmeergebiet, dem Kaukasus oder Wolhynien so manche der ursprünglichen deutschen Kolonien erhalten. Doch die deutschen Schulen und Gottesdienste, das kulturelle Leben fehlten ihnen. Der multinationale Charakter der Sowchose und Kolchose widersprach der Erhaltung eines eigenständigen Lebens.

Nach Stalins Tod und der Entlassung aus den „Sondersiedlungen" zogen Hunderttausende von Deutschen aus dem hohen Norden und aus dem Uralgebiet zu ihren Landsleuten nach Kasachstan und Sibirien. Nachdem die deutsche Volksgruppe von 1941 bis 1956 praktisch rechtlos geblieben war, kommt es 1957 laut Verordnung des Ministeriums für Volksbildung in der RSFSR wieder zur „Einführung des Unterrichts in der Muttersprache oder des Deutschunterrichts nach erweitertem Programm für sowjetdeutsche Kinder". Ein paar Jahre später gesteht die Sowjetregierung den Rußlanddeutschen zu,

Opfer der Willkür Stalins gewesen zu sein. Hätte doch die überwältigende Mehrheit der Deutschen Seite an Seite mit dem Sowjetvolk zum Sieg der Sowjetunion über das faschistische Deutschland beigetragen und sich danach aktiv am kommunistischen Aufbau beteiligt...

Noch stehen in Sibirien, im Raum Omsk – Barnaul – Slawgarod, deutsche Dörfer, allerdings sind es die letzten in der Sowjetunion, abgesehen vom Raum Ufa, Orenburg und Aktjubinsk. Sowjetbürger deutscher Nationalität arbeiten – so die offizielle Darstellung des Kreml – „gewissenhaft in den Betrieben, Sowchosen, Kolchosen und Ämtern, beteiligen sich am gesellschaftlichen und politischen Leben. Viele von ihnen sind Abgeordnete des Obersten und der örtlichen Sowjets der RSFSR, der Ukrainischen, der Kasachischen, der Usbekischen, der Kirgisischen und anderen Unionsrepubliken, befinden sich auf leitenden Posten der Industrie und Landwirtschaft, im Staats- und Parteiapparat. Tausende Sowjebürger deutscher Nationalität sind für Erfolge in der Arbeit mit Orden und Medaillen der UdSSR und Ehrentiteln der Unionsrepubliken ausgezeichnet worden..."

Doch das von offizieller Stelle gezeichnete Bild des mit Medaillen herausgeputzten, im gesellschaftlichen wie politischen Leben der Sowjetunion voll integrierten Deutschen täuscht. Wie die Hoffnung auf eine neue Autonomie, auf die zitierte „historische Gerechtigkeit" mehr und mehr schwindet, machen sich die Kindeskinder der von Katharina oder Alexander gerufenen Kolonisten zu einer letzten Wanderung bereit. Menschen, die im Leben nicht selten fünf- oder sechsmal deportiert, um- oder ausgesiedelt wurden, denen dabei nicht viel mehr als ihre Sprache blieb, zieht es aus dem real existierenden Sozialismus in die freiheitliche Lebensordnung der „Heimat der Vorväter". Die Angst vor dem endgültigen Verlust der kulturellen Identität, die allgemeine Unsicherheit als ein Volk unter Völkern, ein neuerlicher akuter Vertreibungsdruck aufgrund des Wiedererwachens eines nationalen Selbstbewußtseins... eine häufig als ausweglos empfundene Lage beflügeln ihre Sehnsucht.

Im asiatischen Teil der Sowjetunion leben nach einer Volkszählung von 1979 790 762 Deutsche in der Russischen Sozialistischen Föderativen Sowjetrepublik, 39 517 in Usbekistan, 101 057 in Kirgisien, 4561 in Turkmenien und 38 853 in Tadschikistan. Kasachstan ist mit 900 207 Deutschen die Heimat von knapp der Hälfte aller noch in der UdSSR ansässigen Rußlanddeutschen.

Mennonitische Siedler in Tschukrejewka/Sibirien